自然界からのあなただけの開運メッセージ

易花術入門

出雲大社東京大神宝講社長
青柳龍德

福の神、縁結びで有名な出雲大社

鎮守さま（産土神社）は、人間の生死に関係する大切なお宮

美しく、整備された森は神々の精霊たちがもっとも好む場所

自然界からのあなただけの開運メッセージ

易花術入門

はじめに

私たちは、人生の節目を迎えたり、病気やリストラ等で苦しんだり、結婚、家庭問題など、身辺に深刻な変化や事態が起きますと、どう考え、行動したらいいのか悩み苦しみます。そして、人生のすべてに不安となり、自分自身を見失ってしまうのが世の常です。普段は「私は科学万能主義」といって、運命の不思議を感じたくない人々でも、そのような時は、〝苦しいときの神だのみ〟をしてみたり、占いを気にしてみたり、普段の生活では考えられないことをしてしまうのが人間なのです。

私は、このような不運な出来事を機に、目に見えないものに多大な力があることを知ることによって、一人の人間が生まれかわり幸せになっていくことは非常に大切なことだと思います。

誰もが幸せになりたい、巡ってきたチャンスをいかしたいと思っていますが、それならば幸せになるためには、私たちは何を心得、どのような行動をしたらよいのでしょう。

私自身もその難問にぶつかり、何十年と運命学、神道神霊学を研究してきましたが、その甲斐がありまして、本書で誰もがポイントさえ覚えてしまえば、人生の苦しみから癒され、問題が解決する即妙的な占いであります〝易花術〟（環境事象学）を本書において初めて公開いたします。

易花術という名を初めて聞かれる方もいらっしゃるでしょう。易花術は神道、易経、万葉集の三つが基礎となっています。神道におけるご神心の在り方やお徳の大切さを理解していただき、日本の歌の最古のアンソロジーであります万葉集においては言葉、言霊の霊力と美しさと古しえの高き精神性をひもとき、易経に使われる事象を発展させ、わかりやすくした占いで、息と自然界のエネルギーが深く関係してきます。「息」というと、これまでヨガや健康法に用いられてきましたが、占いにおいて用いられることはありませんでした。しかし、実はこの息にこそ、開運のカギがあるのです。なぜかといいますと〝自然界は息の集合体〟なのです。

ここのところを理解してもらえれば、あなたは開運し、財運、結婚運、健康運、成功運を手に入れることができるでしょう。

ぜひ、これからご紹介する易花術を身につけてください。易花術によって、あなたの運気が見違えるほど良くなり、楽しく明るい人生を送れること、間違いありません。

青柳龍德

目次

第三章　易花術の考え方

第六章　易花術実践鑑定編

第一章

現代人は運を遠ざけている生き方をしている

天地《あめつち》の御働きの不思議

宇宙、自然界は人間に調和と融合を求め、そして人類の幸せを希望しています。

このような言い方をしますと皆さんは「そんなバカな！」とか、「非現実的な事を考えているほど暇じゃない」と思われるでしょう。しかし、それは大きな考え違いをしています。これは、私が万物自然界神々の精霊たちより受けたご霊示なのです。

この世の中、誰もが幸せになりたい、金儲けをしたい、すばらしい結婚をしたい、健康になりたいなど言い出したら切りがないくらい、皆さんは自分の希望を叶えたいと願って、日々一生懸命に「自分都合主義」で生きていることでしょう。人間の欲はとどまるところを知りません。

それはそれでしょうがないと思います。現代の物優先、お金優先の時代で人々の心が曇り、人生の先が見えなくなってしまっているからです。

ただし、これだけはハッキリ言っておきます。「自分都合主義」では、絶対に幸せにはなれません。幸せどころか「自分都合主義」で生きていますと必ずや災難、不運という人生があなたを待ってます。よくいう言葉で〝人間ひとりでは生きていけない〟のです。

近年、大きな天災、事件がたくさん起こっています。三宅島他の活火山の噴火、地震などでは、多くの人々が大変苦しんでいます。阪神・淡路大震災なども自然破壊の遠因でしょう。又、平成十五年五月には、東北地方にての大地震なども明日は我が身ではないでしょうか。犠牲になられた方々には心よりお悔やみ申し上げます。また、現在もご苦労なさっている方々には、心より頑張って下さいと申し上げるしかありません。

一方、社会現象はどうでしょう。皆さんの記憶にもまだ鮮明に残っているでしょうが、池田小学校児童大量殺人事件、そして、今年の七月に長崎で起きました、男児誘拐殺人事件など中学一年男子十二才が四才の子供さんを殺してしまうと云う考えられないことです。過去にも世間を驚愕させた少年犯罪は何度となくありましたが、まったく減少してません。

まったくといって、人間破壊そのものです。人間の心が病んで、蝕まれている証拠といえましょう。

その他にも増加している幼児虐待、保険金殺人、医療ミスによる医師の逮捕など、悲しくも情けない事件が相次いで報道されています。

平成十五年三月に起きました、アメリカイラク戦争など非常に悲しい現実です。なぜ、このような非人間的、また異常な事件や戦争がいつまでも続きそして弱者が苦しむのです。

それは宇宙、自然界が人間社会に対して調和と融合を求め希望し、なおかつ「皆さんを幸せにしますよ」とまで言っていただいているのにもかかわらず、人間社会、個人が、それを知ってか知らずか長い間無視し続けたからです。「腰くだけの民主主義」、「自分都合主義」で生きてきた大罪なのです。

人間が自然界の恩恵を忘れていることに対して、宇宙、自然界の怒りが起きているのです。これで「自分都合主義」の生き方が、間違いであるということがおわかりでしょう。自分には関係ないですまされる時代ではありません。明日は、もしかしたらあなたが被害者、加害者になるかもしれません。

皆さんもまことひとごとではありません。老若男女関係なく、いつ我身に不運な出来事、不幸な事が襲ってくるかもしれません。このまま「自分都合主義」、云わゆる、自分さえ良ければよい、自分の家庭さえ幸せであればよいと云う生き方を変えない限り、明日あなたの頭の上に貧乏神がやってくるでしょう。

宇宙、自然界が人間に教える調和と融合という素晴らしい働き。その素晴らしさ、美しさに感謝する以前に、自然破壊という大罪を犯し続けている人間。自然破壊は人間破壊ということですが、はたして、何人の人がこの恐ろしさを認知しているでしょう。この大罪の「ミソギ」をする人たちは幸せになれるでしょうが、「ミソギ」をしない人々は、いくら自分たちの幸せ、開運を祈っても無理ではないでしょうか。

昔、人類が誕生した頃を思い出してみてください。人は火を起こし、川で魚を捕り、水を蓄え、自然と共存して生きてきました。

土は生命を育くみ実らせ、火は寒さを凌ぐ役目をし、水は喉の渇きを潤し、身体を清め、すべては人間が生きる上に欠かせないものです。川が氾濫すれば、水神さまの怒りであり、人間のふるまいに対する天罰と我が身を引き締め、人々は天地《あめつち》の恵みを敬い、生活を営んできたのです。ここには人間と自然の調和と融合がみられます。ところが、近年私たちは、自然に感謝することをすっかり忘れ、物欲から環境を破壊し、豊かになりすぎたため物を粗末にし、食物に対する感謝の念をも忘れてしまっているといえましょう。

私たちは旅に出たり、自然の多い場所へ行くと、日常の忙しさから解放されて、自然に癒されます。壮大な景色の前では、その奥深さに打たれ、尊厳を感じ、畏怖を抱くものです。自然へ語りかけ、調和している瞬間です。

また、例えば、ベランダに置いた植物がすくすく育ち、花が咲いた時や、秋の夜、煌々と輝く幻想的な満月など、思い返してみれば、日常において自然に対しハッとさせられる瞬間はいくつもあるものです。

私たちは宇宙、自然界神々の精霊の恩恵なくては生きられない。天地《あめつち》の御働きに生かさせていただいていると認めて、心から感謝の思いを抱かねばなりません。

感謝するとは愛することの証明

さて、改めて、感謝とは一体なんでしょう。

「私は井上さんに仕事を紹介してもらったから、私は井上さんに感謝してます」とか、「うちの亭主がよく働いてくれて家族が何不足なく生活しているから、給料日だけ感謝のしるしとして晩酌にビール一本増やしてあげるの」とか、普段の生活の中で私たちはたわいなく、感謝という言葉を使っています。しかし、感謝という言葉は、実に深い意味をもっているのです。

感謝とは「心のホコリ」を祓《はら》うことです。「心のホコリ」とは古神道でいえば、「ツミ」「ケガレ」です。もっと簡単に云えば、魂が〝ドロ〟だらけになってしまっていることです。

人生何年生きようとも、人間と云うのは「心にホコリ」がたまってきます。ホコリがたまってきます。これを家に例えますと、古い家とか手入れの入れてない家の中は息苦しくなり、目もあいていられなくなる状態です。そして、正しい思考能力が生まれず、物事の判断ができなくなり、人との協調性もなくなります。もちろん健康にもよくありません。お金は貯めても不自由することはないかもしれませんが、「心のホコリ」をためてはいけません。

私たちは毎日、「ああ今日も一日が終わった」と入浴します。身体の汚れを落とすために温かい湯につかって、ホッとします。昔から水は人間を清めるといいますね。目に見える身体の汚れは、一日の終わりの入浴で体を癒しています。不思議なことに最近では都心にも温泉があちこちに出てきてます。今までも、温泉ブームは多々ありましたがだいたいが地方の温泉旅館の紹介が多かったのですがなぜ今、都心に温泉なのかですね。文京区の後楽園にも湧き上りました。又、新築分譲マンションなども温泉付が多く販売してます。これも都心です。他にも、ゆりかもめテレコムセンター駅徒歩二分にあります大江戸温泉物語や練馬区の豊島園にもあります。こちらは東京でも郊外になりますが調布市深大寺にあります風水温泉「ゆかり」など、他にもますます都市型温泉施設ができるでしょう。これは、自然界の精霊が現代人に教えているのです。人（霊止《ひと》）として、まずは体を清めましょうと。ところで、目に見えない「心のホコリ」はどうでしょう。身体はお風呂できれいになって、汚れを落とせます。でも心の中は？

「明日はあの仕事をしなくちゃ」とか「家のローンが苦しい」とか、悶々としていることでしょう。心も毎日きれいにしていかないと、だんだんと汚れて黒ずんで、しまいには病気の原因にもなってしまうものです。ホコリがたまれば、息も吐けなくなりますし、息も乱れます。当然のことですが心がつかれれば体の調子も良くありませんし、必ずや人生の迷路に入ってしまいます。そうしたらどうやって心のホコリを祓うのでしょう。

この本を手にした読者の方なら信じることが出来るでしょう。その秘訣とは、宇宙自然界に存在している神々の精霊たちと仲良くお付き合いすることです。

それでは、お付き合いとはどういうことかといいますと、すべてに対して愛する心を持つことです。愛する心の強さは万国共通です。国と国の間に愛がないから戦争が起こります。それは自国の利益のみ考えるからです。自分が他人を愛することが出来ないから、自分の心が戦争を起こします。そして、感謝の心を失い、その結果「心にホコリ」がたまり、その結果、迷い、悩み、苦しい人生となります。

私たちは特別な日や儀式でもない限り、ともすれば感謝の気持ちを忘れがちですが、けしてそうではありません。ちょっと意識してみると、私たちはなんて多くの感謝に囲まれて生きていることでしょう。感謝に値するものの存在に気がつかなければなりません。

先ほどもいいましたように、「心のホコリ」を祓うためには、宇宙、自然界が平等に働いていてくれています神々の精霊たちに愛をもって感謝の心でお礼とツミ、ケガレを犯してしまったおわびをすることです。

人生にはたくさんの苦しいこと、悲しいこと、楽しいこと、うれしいこと、さまざまな出来事があります。初めは辛いかもしれませんが、何があっても不平不満を言わず、傲らずに感謝して生きていけば、必ずや天地《あめつち》の恵みの御働きを受け、宇宙、自然界の意思通り、あなたと宇宙、自然界の〝チカラ〟が調和と融合して、幸運への道を昇ってゆきます。そして、自然界の声をあなただけのオーダーメードとして聞くことができることでしょう。これこそが私が神々よりいただいた〝チカラ〟であり、易花術と云う秘儀なのです。

「日々誕生日」「一日一生」という言葉がありますが、これからは「日々是感謝」で生きることが大切です。

このような考え方が、これから紹介します易花術、別名「環境事象学」という占いの基盤となります。

私が福の神となった

ここで少々私事のことを話しておきましょう。実は私は昔、貧乏神だったのです。当時、私の父は浅草で不動産業を営んでいましたが、その事業が倒産して一家離散となり、家族はバラバラとなって生きなくてはなりませんでした。私が十六歳の時でした。

その後、私は数々の病魔との戦いが始まり、そして、病魔との戦い勝って、事業を興したらあえなく倒産、それから借金との戦いが始まり、その結果、結婚生活が破綻となり離婚、そして一人となり、もともと無神論者だった私がいうのは図々しいと思うのですが、心の底より「神も仏もあるもんか」と思い、我身の運命を呪いました。でも、人生とは本当にわからないものです。その後、私は自分でも考えられなかったのですが、私の心が変わってしまったのです。

神とはいるのだろうか？　運命とは本当に存在しているのだろうかと真剣に考え始

めて、神社仏閣に参籠しての修行はもちろん、霊山にも登って修行しても満足せず神を求めて何年かが経ち、それこそご神縁とでもいうのでしょう。合気道の開祖であり、植芝盛平翁の直弟子であります私の師にあたる方より、運命学、神道、合気神学などあらゆる幽韻一如の原理を修得して、神霊との出合いにより神の存在を確認できたのです。

今でこそ私は神職として、霊能者として、皆様方の人生相談を受けたり、霊査をして、人様の因縁を観て、浄霊祈願をさせていただいたり、運命鑑定、易花術の鑑定によって、皆さんの迷い事や悩み事などの解決のためにお手伝いさせていただいて、日々忙しい思いをしております。

最近ではよく皆さんから「先生は平成版陰陽師の安倍晴明のような人ですね」といわれているようです。また、福の神ともいわれているようです。なぜこのような噂が立つのかある人に聞いてみましたら、先生の祈願力の正確なことだということのようです。とはいっても私の力でなくて、天地《あめつち》の神々の御力だと思います。

「天地《あめつち》の神」とは、宇宙、自然界の精霊たちのことです。それは山であり、谷であり、また田畑、川、沼、岩、葉、花、土、石、草などすべてです。これを神道では八百万の神々といっております。

私たちは普段すっかり忘れていますが、人類の誕生から宇宙、自然界に取り囲まれて暮らしています。目でみえるもの、見えないものに生かされているこの命は自分のものでなく、天地《あめつち》自然界からの借物なのです。

私の職業的意識の言葉で〝鬼神といえども神力に叶わず〟という信念を持っております。

これにて私は貧乏神から福の神へと変神した訳であります。

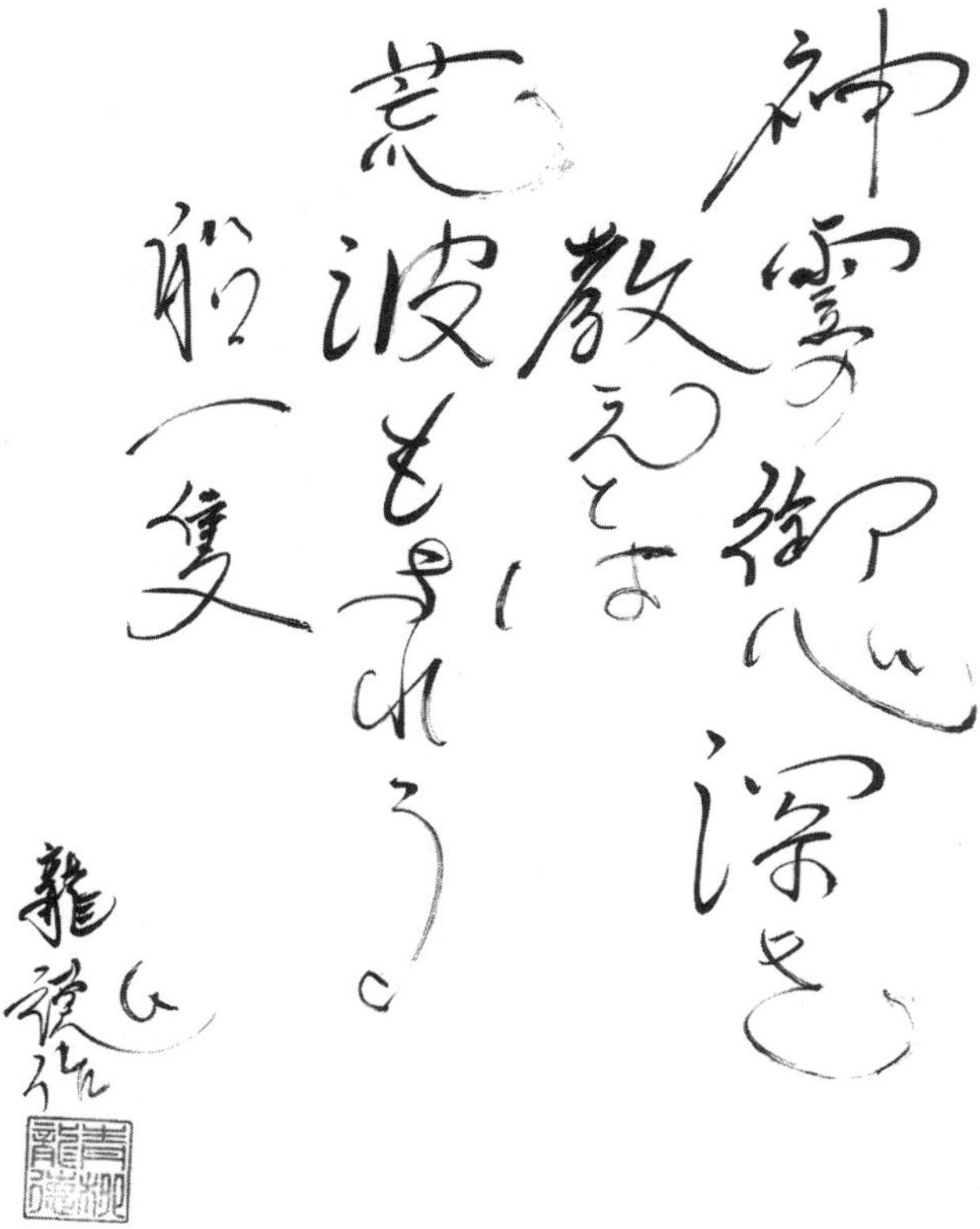

世界的科学者は運命論者だった

現代の科学社会において運命論的な考えなど、おかしいとお思いでしょうが、ここでひとつの例をあげてみます。

ここ数年日本でも、何人かの優秀な宇宙飛行士が誕生しました。毛利衛さんをはじめ向井千秋さんなど、皆さんもよくご存知でしょう。特に向井さんは、日本では女性として初めての宇宙飛行士として脚光を浴びました。一九六一年、ユーリー・ガガーリン少佐が初めて宇宙に行ったとき、当時としては世界的ニュースとなりました。その数十年後に向井千秋さんが宇宙へ飛びました。

向井さんの場合は、もともと宇宙飛行士になろうなど夢はなかったようです。慶応大学の医学部に行って内科医としての研修を受けていた頃、好奇心の塊の向井さんは、救急車が病院にきますと、一分一秒で生死を分ける夜中の緊急手術に関心をもたれたようです。そして、私は「外科医の方が向いているのではないだろうか」と疑問ももったといいます。

その後、男性の外科医でもなかなか行きたがらなかった神奈川済世会病院で一年間の救急研修医として勤め、最終的には心臓外科を選ばれます。

向井さんご自身の理由としては「人の命をつなぎとめる臓器は心臓ですから、心臓をちゃんと働かせるようにしてあげたい。そして、人はどのような病気をしても最終的には心臓が止まって死ぬのだから、人の命を救うには心臓外科しかないだろう」と。

私なども職業柄、人の生き死ににによく立ち合いますが、向井さんの考え方は実に良く理解できます。古神道では「この世とあの世をつなぐものは息ひとつ」といっております。たった息ひとつで人は死に、そして生き返るのです。そこには名誉も財産も地位も何も関係ありません。それが命の不思議であり、運命の不思議でもあるのです。

その後の向井さんは人生のいろいろな経験をして、日本で初めての女性宇宙飛行士となっていくのですが、よく「宇宙に行って何か人生観が変わりましたか」と聞かれるそうです。たしかに宇宙に行って生命のすばらしさを考えるキッカケにはなったそうですが、人生観が変わったのは、何といっても新人医師時代の体験が大きいようです。

瀕死の状態でかつぎ込まれた患者さんが大手術を受けた後、温かい血液が体中に流れ拍動が戻ると体がピンク色の美しさに変わるそうですが、ピンク色とは向井さん曰く、生きている色だそうです。「何回手術をしても、このような経験をすると感動します」とおっしゃっています。

また、その反面、どのような最新医学の治療を受けても、悲しく悔しいけれども死ぬ人は死んでいきます。特に子供の死に直面すると「この世に生きていれば、楽しいこと、おもしろいことがたくさんあったのに、どうしてこの子供たちは、もっとわがままな人生を送れなかったのだろう」と深く考えさせられるようです。

向井さんは、医師としての顔、宇宙飛行士としての顔をもちながらも、命の重さや運命論的な考え方は新人医師時代にしっかりとたたき込まれたのでしょう。

日本人が気づき始めた精霊の力

今、神道が目覚めた!! と言いますと、読者の皆さんはたぶんなんですか? と思うでしょう。

戦後日本は、高度経済成長時代という名のもとに日本人は働きバチと化して、物、金、名誉という非道徳観の奴隷となり、肉体と心を酷使して、平成の時代に入り十余年となりましたが、残ったものは病んだ心と体です。そして、その病んだ心と体を癒す病院ですらあてにならず、先ほどの向井千秋さんの体験どおり医学には限界があり、すべてを癒す力はありません。また、日々テレビ等でさわがれている医療過誤の問題等が多分に起きますと、私たちの命は、心は、体は、どこにまかせればよいのでしょう。

それを解くカギは、古神道の教えにあります。

それはどういう意味かといいますと、人間の運命を左右しているのは、前にいいましたように宇宙、自然界の神々の精霊たちです。その神々の精霊たちが集うところが古神道の世界にあります。

「自分の運命」を始め、人生を開運させるために、日本人は今やっとお気軽な参拝神道から祈る神道、神々に自分の命をまかせる神道にと目覚め始めているのです。古代の日本人に帰り始めたのでしょう。

今までの日本人は「俺は無宗教だ」「神仏を信じるのは弱いからだ」ということが力の誇示だったのでしょうが、もうそのような無意味なカラ題目は通用する時代は終わりました。カラ題目を唱えているのは勝手ですが、宇宙、自然界神々の精霊たちと仲よくしませんと、結局損をするのは自分本人ではないでしょうか。

昔の日本人の家には祈る場所がありました。それは、神棚であり祖霊舎《それいしゃ》でありました。朝起きると、先祖様に感謝し、神様に今日の無事を祈って、一日を始め、そして一日を終わったものです。日常に祈る行為が自然にありました。

神道では、毎年六月と十二月に大祓《おおはらい》を執行しています。神社より配られる人形《ひとがた》に姓名年齢を記し、そこに息を三度吹きかけ、心身の罪穢《けが》れを移し神社へ届ける。大祓式が行われた後には、その人形を河海へ流し清め、罪穢《けが》れを消す祈念をするというものです。「これまでのことは水に流して」と、よく使われますね。

イスラム教やキリスト教においては、現代の日本人のように「祈り」を忘れていません。「祈る」ということだけは失わなかったのです。ところが日本人もやっと、物質文明の限界を知り神さまに「祈る」という心に目覚めてまいりました。行儀作法、神様への敬いなどは、耳が痛いくらい言い聞かされ教えられていますが、これらはすべて「祈る」ことを基本にしているのです。

日常にある「祈り」と自然界とのふれあい

そうはいいましても、まだまだ多くの日本人は祈ることの大切さを忘れております。祈りが忘れられている風潮のなか、私たちが全く忘れてしまっているかというと、そうでもありません。もちろん「祈る」ということは、神に祈るということもありますが、例えば身近な所では、食事の時、食べる前に「いただきます」と言い、食べ終わったら「ごちそうさま」と言いますね。これも「祈り」です。「お父さん、今日もがんばって会社行ってきて」「車に気をつけて」と、家族の健康や安全を思うのも「祈り」です。

そうして日常生活の中で祈った結果、お父さんが健康に働き、給料をもらってきて、家族が暮らせるわけです。

「祈り」をまた違った形で説明しますと、木に水をやる、草花に水をやる、これも「祈り」の姿なのです。水をあげる時必ず「いい花、咲いてちょうだい。枯れないでね。」「大きくなってね」と思っていないでしょうか。これは無意識に祈っているのです。水をやったり、土を換えたり、形は違うなかでもみな祈ってるのです。行為自体が「祈り」といえます。「早く枯れてくれ」と言って水をあげる人は誰もいないでしょう。このように、私たちの生活の中に「祈り」が密着していることがわかりますね。

樹木に水をあたえることは、自然を助けることになります。自然界からの授かり物を大切にすることが、自分自身にも返ってくる事になります。神様に「物乞い」するのではなく、田畑の米と同様、頂き物、授かり物を大切にする心が「祈り」に通じていきます。

また、節目の際、例えば七五三の時に家族がそろって、神社へ行き、そこで手を合わせて祈ります。成長を祈り、家族の安全を願う。これも「祈り」ですね。

自分の祈りとは他人のために祈ること

いつの世も誰もが夢をもって生きたい。貧乏はしたくない、健康になりたい、結婚したいなど希望はたくさんあるでしょう。そして幸せになりたければ自分自身の具現化した「祈り事」をしなさい、ということです。

ただ神社に行って祈るといっても普通の人々は神がいるのかいないのか、わかりませんから単なる通過儀礼としての祈りでしょう。しかし、「祈る」ということは日常生活の中にこそあることを忘れてはいけません。

「祈り」とは「感謝」と「真心」です。さらに「祈り」は、即、自分と他人（人類）の「癒し」になっていき、「癒し」は個人と人類の平和と云う働きに変化していきます。そして現実化となってきます。これを「自他共有の祈り事」と申します。

そのことに気がつけば人生は変わっていきます。品性や品格そして、志の高さ、そういったものが自分にどんどん身につきます。そうすれば凛とした姿勢となってゆくでしょうから、自然界の神々の精霊たちもあなたの「祈り事」を聞いてくださるでしょう。その結果、あなたの希望があなたにとって必要となれば必ずや現象界において、具現化していただけます。

山なみをすべ命の
ほとばしりは
いが祈りとは
創なけり

龍徳作

第一章　現代人は運を遠ざけている生き方をしている

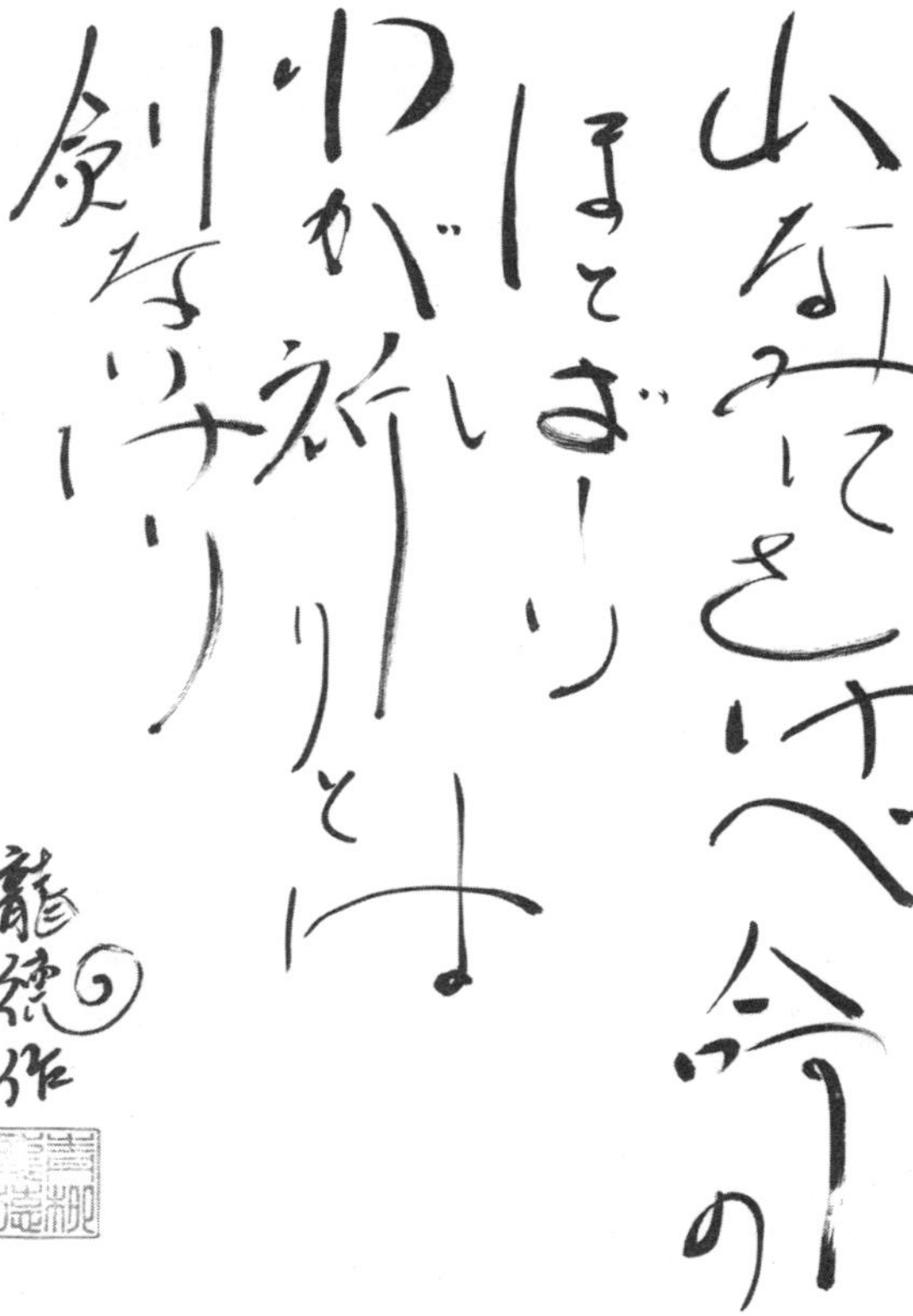

第二章

易花術の基本　息の開運法

易花術は奥の深いものですが、その成り立ちをお話しする前に、ここでは、すぐに実践できる息についての開運法を紹介してゆきましょう。

息には色がある

皆さん、覚えているでしょうか。学校での体育の時間、運動する前後に先生に「ハイ、深呼吸して」と言われ、おもいきり両手を開き深呼吸しましたね。今でも、学校や会社で実施しているところが多いでしょう。

このとき、不思議と深い呼吸ができるときと、そうでないときがあることを、多分どなたも感じていると思います。

病気をしているときも深呼吸がうまくできませんね。深呼吸がしっかりできるときは、体調もいいし心配事も少ないはずです。悪気ある人間の吐く毒息は、空気を汚し、生物まで殺すといわれています。

簡単にまとめると、このようになります。
・運勢の良い人は、呼吸が深く、長くて静か。
・運勢の悪い人は、呼吸が浅く、短く荒くてうるさい。

アメリカの心理学者でエルマ・ゲイツ博士は、人間を使って、人間の吐き出す息がどのような感情のとき、どのような状態になるかを実験しましたところ、驚くべきことがわかりました。
・健康な人の吐き出す息は無色
・怒っている人の息は栗色
・悲しんでいるときの人の息は灰色
・後悔しているか、苦しんでいるときの人の息は淡紅色
怒ったり、悲しんだり、後悔してくよくよしたり、苦しみ悩んだりすると、人の息はこのような色になるといいます。現代人は、この経済不況のなか、ほとんどの人が

このような息を吐いているのではないでしょうか。運命を良くしたいのなら、まずは〝息〟からです。「自分の心」と書いて〝息〟という字になるのです。

これまでみなさんは、あまり意識してこなかったでしょうけれど、きれいな息を吐くことの大切さが、おわかりいただけたと思います。

この世にあるすべては息をしています。この宇宙、自然界では、息のしていないものは形として存在できない法則なのです。

まさかとお思いでしょうが、例えば、身近なところでいえば、みなさんがいつも使用しているペン、財布、携帯電話、あなたの住む部屋など。

物でも、どこかが傷ついたり壊れたりすると使えなくなります。息が途絶えて死すれば処分され、焼かれ灰となります。人間と同じなのです。

風、火、水、人間の生活になくてはならないもの。また土、木、花などの自然。そこには自然界を司る精霊たちがいます。命として宿っているのです。つまり「自然界は息の集合体」であるのです。私たち人間はすべて、この命あるものによって生かされているのです。あなたの身のまわりにあるすべてのものです。

もう一度いいます。「自然界は息の集合体」この意味を誠に理解しますと、すべてのものにやさしくなれます。やさしくしてあげられ、すべてのものがみなさんの味方になってくれます。

息には相性がある

さて、よく、相性が良いか悪いか、気にすることがあるでしょう。特に、恋愛・結婚相手との相性を気にする人が多いようです。

ご存知の方も多いと思いますが、気学という学問で簡単に鑑定する場合、「あなたは一白水星で、彼は三碧木星の生まれで相性が良い」と言われホッと安心する人がいます。これは陰陽五行説という理論において水生木といい、「水は木を助け育てる」

という理由からです。実際はもっと深い成り立ちがありますが、陰陽師・安倍晴明も陰陽五行説を自由自在に駆使していました。

しかし、易花術においては、「自然界は息の集合体」という理論をもちますから、「息の相性」をもっとも重要視します。

「後藤さんとはこの仕事をしていても息が合うから全然嫌じゃない」とか、「福岡社長とは何となく息が合うから取引していても仕事がドンドンうまくいく」とか、「田中さんの奥さんとは気が合うので買い物に誘われるとついつきあってしまう」など、職場や学校などでよく耳にしたり、自分でも口にしていることでしょう。

実際にはそれほど気にしていないかもしれませんが、「息の相性」とは普段の生活、また、運命のなかで非常に大切で人生を左右しかねません。

例えば、ショッピングの途中で気に入った洋服を見つけた。どうしても欲しいと思い、手持ちのお金がないのにカードで買ってしまった。こんな経験はありませんか。実は、これは洋服の吐く息とあなたの吐く息が合った瞬間です。たくさん飾ってある服の中から、あなたの息と相性がぴったり合ったというわけです。

それでは、その「息の相性」の簡単な鑑定法ですがどなたでもできます。

相性にはたくさんの人、物、場所などがありますがやり方は同じです。結婚相手とする人の相性を知りたいのならまずは心の中で念じてから、その人の前で静かに一息吐いてみることです。長くゆっくり吐けたらよいですが短かければよくありません。

非常に簡単な判断のようですが、これは医学的にも証明されているのです。

人間には、自律神経という働きがありまして、それには二つの神経の働きにわかれます。ひとつは、交感神経系ともうひとつは副交感神経系ですが、息を吸うときは交感神経が働き、緊張、興奮、不安定などの神経が働き、息を吐くときは副交感神経が働き、信頼とか愛情、許しなどという安定した神経が働きます。ということは、「息の相性」がよいか悪いかを観る場合は、そのものに対してゆっくり息を吐いてみることです。長くゆっくり吐けたら、もうおわかりですね、吉となり、その反対に短かかったら凶となります。

また昔から、人の住まなくなった家は朽ちると言われます。住む人の息と、家の息が呼応してお互い支え合って生きているわけですが、人が住まなくなった途端に家は相手がいなくなったことから、息ができず立てなくなってしまい、荒れて朽ちてしまう。これが息の相性の恐しさです。

成功をつかむ呼吸法「調息《ちょうそく》」

息には色があり、相性があることをみてきました。次に息の方法についてみてゆきましょう。

あなたは言葉を発する時、息を吸いますか、吐きますか。吸ったら言葉を発することができませんから、吐きますね。そしてすべての物事の始まりは息を吐くことから始まります。この時に、息を整えることが、物事がうまくいくコツです。

今、何かの理由で苦しい人生を送っているとして、心配をするよりはまず息をしっかりと整えていくことに、より新しい活路が見い出されます。これは仏教でいう「調息」と同じです。

息を整える方法は三つあります。

一、自然呼吸の調整

普段私たちが普通にしている呼吸ですが、人生に不具合が生じ始めると不思議と呼吸が乱れます。ウソ発見器などは、この呼吸の乱れから読みとります。まずはこの呼吸を乱さない生活を心がけます。自然呼吸は、運命的に安定、充実、冷静ということを意味します。

二、深呼吸の調整

朝起きたとき、何となく気分がすぐれない、思うように物事がはかどらないときは、深呼吸を何度もして、新しい波動を心身に入れてみましょう。深呼吸は、運命的に発展、出発、先進ということを意味します。

三、腹式呼吸の調整

仰向けに寝るか、椅子に座るかして、ゆっくりと鼻から息を糸を引くように吸いながら腹をふくらませて、いっぱいになったら十秒ぐらい止めて、今度は口からゆっくりと吐き、腹をへこませます。これを何度か繰り返すことによって、漢方医学でいう「気、血、水」の働きが良くなり、活力が湧き自分の力量プラスアルファが出てきます。腹式呼吸は、運命的に幸運、健康、慈悲、行動力、愛、何事にも恵まれる、ことを意味します。

これらがしっかりとできれば、大自然との調和もでき、相性の悪い人や物などいなくなります。繰り返しますが、息ひとつが運命を運・不運に分け、息ひとつが生命をあの世とこの世に分けます。これをしっかり覚えておいて下さい。

にぎやかな ふるさと町なみ
ゆめのなか
子供のころの
おもひでひとつ

龍徳 作

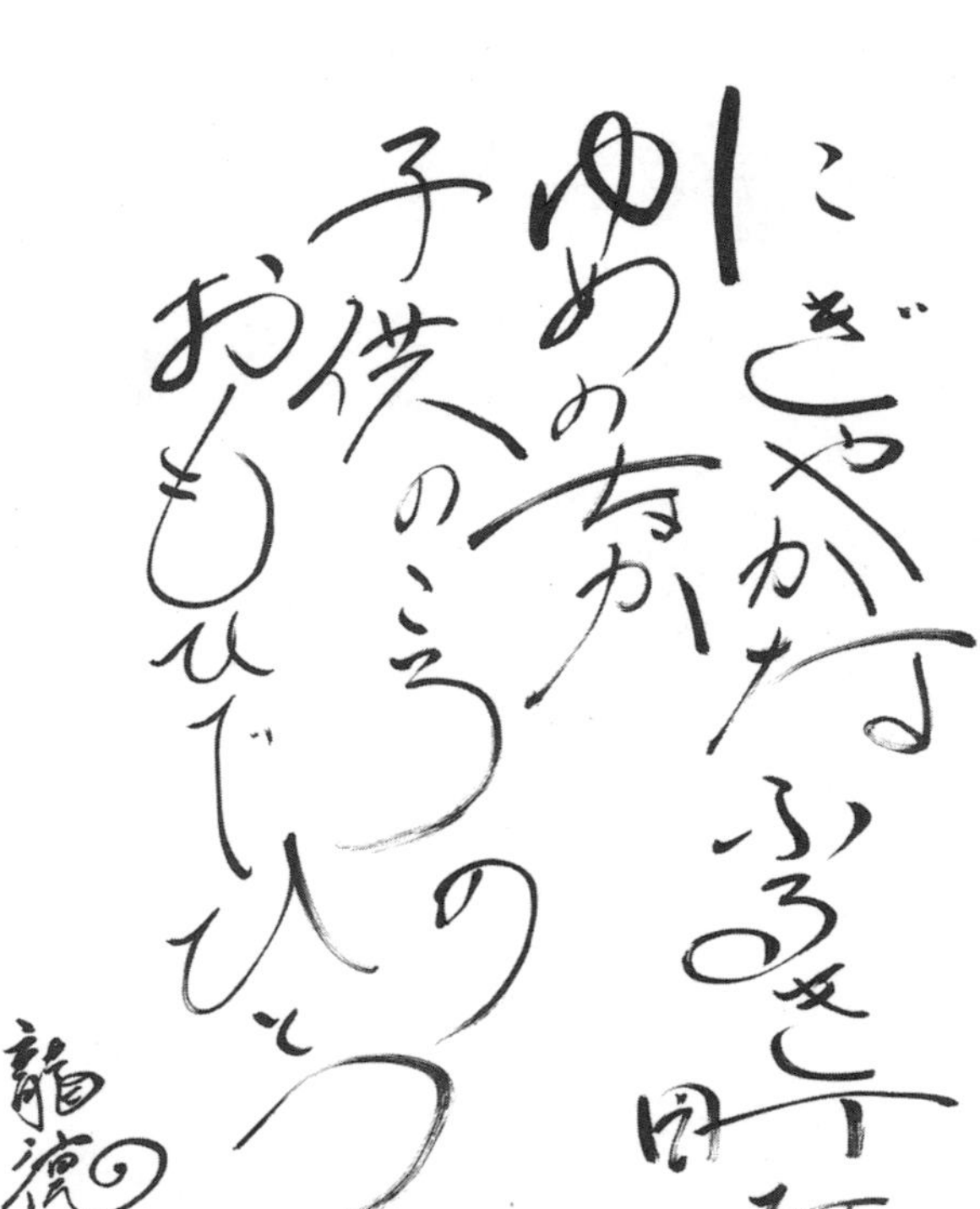

方位学も「自然界は息の集合体の原理」

私も運命学を研究、実践している以上、方位鑑定の依頼もありますが、素人の方でも多少ご存知の方もいらっしゃるでしょう。引越しとか、家相風水なども広い意味では同質です。

ここでいう方位学は行動によって吉凶が出てくる術です。その中で最近流行しているものにお水取、お砂取《すなとり》、玉埋などがあります。

依頼者が生活の中である程度自由にスケジュールが取れる人とか、また、是非にでもこの開運法をもって開運したいという人に限って私も指導していますが、これはしっかりとした経験と指導する先生の力量によっては大変に効果があり、すばらしい開運方法です。しかし、この開運方位学のお水取等は依頼者の予定とか方位の場所年月日時間などを加味しますと、タイミングをとるのが非常に難しいのが難点です。

ここで、方位学の効果のすばらしさを少々紹介してみましょう。方位学といっても私がいう「自然界は息の集合体」という原理に基づいているのですが、今までどなたも気付かなかったのです。ここで世界的に大リーガーとして有名になりました、イチロー選手を例にしてみましょう。

イチロー選手は、一九七三年十月二十二日生まれの九紫火星。

イチロー選手は、マリナーズに入団する二年前、一九九九年二月二十五日に渡米しましたが、そこで数週間過ごしましたマリナーズのキャンプ方位が、その後の彼の野球人生を決定づけてしまうほどの大吉方東三〇度八白土星が廻っております。

またこの方位はイチロー選手にとって易花術では、再命方位といって何度もチャンスがくる方位です。マリナーズのすばらしいスタッフにも恵まれ最高の縁を持ったということです。八白土星の象意《しょうい》は縁づくり改革、努力が実る、場所に恵まれるなどです。その後多少の苦労はあったと思いますが、仏教でいう「良因良果」で最初が大切ということです。みなさんも、ご承知のようにイチロー選手の活躍はすばらしいものです。

すぐ望みが叶う易花術言霊開運法

さっそくですが、ここで突然難しい歌が出てまいります。この歌の難しさだけで、私は開運しなくてもいいよという人も出てくるかもしれませんが、少々我慢して読んで下さい。

言葉には精霊が宿り、その精霊が現実を支配するという考えが古代日本人にはあったのです。万葉歌人で有名な柿本人麻呂の歌集の中に、このような言霊の力を示す歌があります。

葦原の　瑞穂の国は　神ながら　言挙《ことあげ》せぬ国　然れども　言挙ぞ吾《わ》がする　言幸《ことさき》く
真幸《まさき》く坐《ま》せと　恙《つつみ》なく　幸《さき》く坐《いま》さば　荒磯《ありそ》浪　ありても見むと　百重波　千重波し
きに　言挙すわれは　言挙すわれは

反歌

しきしまの倭の国は言霊の助くる国ぞま幸《さき》くありこそ

このように、人麻呂の歌は「言挙《ことあげ》こそすべきだ」「言挙《ことあげ》は自分がする。言霊が日本人を助けてくれる国だから当然のことだ」と、強烈に言霊の力を主張しています。

いまの日本には馴染がないかもしれませんが、何度も、何度も読み返して下さい。そうすることによって、言霊の精霊が皆さんに不思議な力を貸してくれます。

易花術言霊開運法の実践方法で、一番大切な事は体息《たいそく》のお清めです。まず、体息お清めのお祓いを受けて下さい。そしてお祓いのご神力によって、また方位の神様との息を合わせることによって方徳《ほうとく》をいただけます。

次に、磁石を用意して下さい。文房具屋さんで数百円で売っているもので充分です。その磁石によって、東西南北など方角がわかってきます。場所は皆さんの自由です。自宅でも他の場所でも、自然に自由に出来るところがよいでしょう。

この易花術言霊開運法とは、いったいどのようなときに使えばよいでしょうか。

皆さんもご自身の生き方を振り返ったとき、どうして私は仕事運がないのだろうとか、なんで結婚出来ないのだろうか、人生にはいろいろと望み通りいかないことが多いようです。このようなときに応用して下さい。

宇宙、自然界の精霊たちは、必ずや皆さんを応援してくれます。

◆目的別易花術言霊方位事象

北・一白木星

結婚、恋愛、交際運が出る、援助がある、金欠病が解決する、子宝

南西・二黒土星

仕事、事業、不動産、家庭不和、迷い事

東・三聖木星

引越、新規事の成功、良き協力者、長男の成長、良き情報、発展

東南・四緑木星

人間関係、信用を得る、良縁、旅行、良き取引き

西北・六白金星

目上の援助がある、神仏の加護、事業が発展する、スポンサーあらわれる、充実安定、福運が出てくる

西　・七赤金星

金運、商売繁昌、異性との快楽、家族円満

東北・八白土星

良い変化、相続に恵まれる、健康となる、不動産運が良くなる、蓄財運が良い

南　・九紫火星

良き知恵が出る、美しくなる、人気が出る、明るく積極的になる、営業の向上、名誉が入る、昇進事が起こる

以上のように、みなさんの願う目的別に吉方位をもって、二礼四拍手一拝をして、三度息吹き吐いて祈るのです。

例えば、金運、商売運に恵まれたい人は、現在の場所から西方位に向かって、二礼四拍手一拝をして、事業に成功したいので、金運が良くなりますようにと祈るのです。

但し、〝自我欲〟〝怠慢な心〟があってはいけません。なぜかおわかりでしょう。方位の神々の精霊が働きません。精霊たちに働いていただくには純粋で正しい心がなくてはなりません。そのためには、邪気を祓う体息《たいそく》のお清めが必要なのです。

第三章

易花術の考え方

自然界は息の集合体

この世の物がすべては、命があって息をしている。息をしていないものは存在できない法則である。そして、人間にとって、息と宇宙、自然界が関係していることを述べてきました。この章では、それをもう少しかみ砕き、わかりやすくまとめてみたいと思います。

例えば、あなたが着ている洋服。その服ができあがるまでには、たくさんの人の手が通っています。服を売り出す会社をはじめ、デザインをする人、生地を取り寄せデザイン通りに仕立ててゆく人、できあがった服を宣伝し流通させる人、市場で販売をする人。

服ひとつを作り上げる過程には、このようにたくさんの人がかかわり、それぞれが消費者の立場に立って、どうしたら買ってもらえるだろう、目にとまるデザインになるだろう、と試行錯誤しているわけです。

そこには生産者の息がかかっている。多くの人の息、命がかかって完成されています。

世の中ではよく「息がかかった」という言い方がありますね。任侠映画でよく使われますが「そいつは、おれの息のかかったやつだ」というセリフ、あるいは「ある政治家の息のかかった人」というように。

私たちの身の周りでも「息がかかる」という言葉は使われています。自分の力が及ぶ範囲を示します。言い換えれば、息、つまりその人の命が吹き込まれているということです。

もう一つ例をあげてみましょう。

雑誌の広告や折り込みの広告チラシ、街の看板や幟。繁華街の中にあっても、とびきり目を引く看板がありますね。新製品を売り出す時や、季節物の商品を販売する時、バーゲン時には大量のそれらを私たちは目にします。これも息がかかっているのです。

お客さんにわかるように、「見て、見て」と言っているのです。

息がかかった対象物は、生き生きとしています。逆に目立たない看板や広告は、息をしていない。ほったらかしになっているから埃も被って、息が絶え絶えで元気もなく〝チカラ〟もありません。これでは目につきません。商売の売上に当然影響してきます。

また、ビルやマンションには管理人が付きます。ビルの状態、様子を任され、その存在を守っています。これは、ビルを守る意味で付いているのです。守られていないビルは朽ちて人も住みません。これらも息という命があるか、ないかということです。

物には息という命が宿ることが、これでおわかりいただけたことと思います。

こうして見てゆくと、これまでのあなたの物の見方が変わってくることでしょう。

命がある。息をしている。人間と同じです。

よく、何か不機嫌なことがあったりすると、物にあたったりしませんか？　物を投げたりしていないでしょうか？　物は傷つき、物はあなたを恨みあなたへ必ず何らかの形で仕返しをしてきます。

物は人間といっしょ、けして粗末にしてはいけないのです。命があるとわかれば、自然と物を大事にする姿勢が身につくことでしょう。また、物を粗末にすると物霊に憑依されますよ。今でも、神社やお寺では、人形供養、針供養、箸供養などの祭祀をしっかりやっております。これは、私たちがお世話になった感謝とお礼の心の形です。古くなった神棚や仏壇そしてお札などにも神霊、物霊が宿っていますから、新しくする場合は必ず、お焚上げしてください。

また、自然界には多くの気があります。

例えば、北には母性の気があり、南には父性の気があります。

失恋したり、辛く悲しいことがあると、人はひとりになって北へ向かい旅に出ます。歌の題名にも北とつく曲は、こうした内容が多いですね。母性の気によって傷ついた心が慰められるからです。

逆に、慰安旅行や家族のイベント旅行など、大勢で旅行する場合は南が多い。南は父性です。父なる気は、人を建設的にさせ、安心感も与えます。

このように私たちは特に意識していないものの、目には見えない自然界の気によって動かされているのです。

この世のすべてに命があり、目に見えない気が、私たちの行動を決定しているのです。

幸せになる宝物は息の働きにあった

人間の命の誕生とは、実に不思議なもので、妊娠した女性が子供を産むときは、太古の昔より、〝ハッー〟と息を吐くことによってこの世に新しき命の誕生をみます。

また、生まれてくる赤ちゃんもオギャーと息を吐きます。

あまり縁起の良いことではないかもしれませんが、ついでにいっておくと、人間が死ぬときは「息を引き取りました」とよくいいますが、これもまた事実で人間は死ぬときは、間違いなく息を吸って死んでいくのです。みなさんが恐れる幽霊とは、息を吸いきれなくして死んでいった霊魂なのです。

人間の幸せとは、息を吐くことを大切にしていけば運のよい明るい人生を送れます。吐ききると云うことは、物事に執着するなと云うことです。

人間の生死には息が深く関係しています。また、物の誕生や芸術家の作品など、すべてここにも息が関係してきます。この場合の息は、生み出した人の息、命だということです。

私の考え方は、息こそ神であり、神は息であります。

あらゆる誕生には息が結びついている。これはこの世の摂理といえましょう。これを「息魂《いきみたま》の法則」といいます。

私たちは息をする時、空気を吸ったり、吐いたりするわけですが、言葉を発する時は息を吐きます。言葉を発したら、その時のその人の思いは「息魂《いきみたま》」になって表れてきます。「息魂《いきみたま》」からは、その人の霊性の高さと徳の高さがつたわってきます。吐く言葉には思いがこめられる。これはなかなか興味深く、また神秘的とも思われるかもしれませんが、事実です。

感謝やお礼を言えば、その人との関係はよくなりますし、悪口を言えば息は黒くなり、あなたの心身にも影響が出てきます。

そこで、いかにして良い息とするか、吐き方を良くするか、が重要になってくるわけです。

朝、起きた時、布団のなかで思いきり身体を伸ばしてみてください。身体を伸ばせば自然と深い息もできます。ゆっくりと息を吐く。だんだんと目も覚めて、頭も回転してきます。

次に、お茶を準備します。お茶の入った湯飲みを目元に近づけ、乾いた目を潤す、さらに鼻に寄せ、乾燥した鼻腔を潤す。だんだんと身体が目覚めてゆき、息をより深く吸い、吐くことを実感できるはずです。

こうして気分をしゃきっとさせ、爽快な気分で一日が始まります。寝坊したり、寝起きが悪かったりすると、息が整わなくなり、一日のスタートから調子がずれてしまいます。

息がきちんとできるようになって初めて、自然界の扉は開きます。そして開運方法へとステップし、運を招き寄せることができます。

易花術は恋愛、仕事、行動、金運、物事の売買、将来、方位など占う範囲はかなり広くありますが、上手く息ができないうちは、けして易花術を使いこなすことはできません。いくら易花術をやったところで、正しい答えは出てきません。まずは、自然呼吸、深呼吸、腹式呼吸をしっかりマスターすることです。なぜ、易花術は息というものに主軸をおくのかといいますと易花術は、先にいいましたように別名「環境事象学」と申しまして、あなたが何か占いたい時の答をその場の環境の風影や音や、形など他を観て、感じて瞬時に占う術だからです。その時に呼吸がしっかりしていなければ占いはあたりません。

桜さき心もひらく
春ごよみ
季節のめぐり
命さめぐる。

龍蹊

易花術は人間も国も再生させる

古代から占いは、人間の命理や国家社会の発展、事の善悪を計り、未来を予知するという、人間の根本を見つめるための役目をしてきましたが、現在ではあまりにも短絡的になっています。

よく占いの頁に見かけるのは、「今週のこの日はあなたは仕事運がよいので、よいアイデアが出てきます」とか「今月の中旬からはあなたの恋愛運がよくなるので、その頃には良い出逢いがあるでしょう。知人の誘いには積極的に出かけましょう」といった類です。

運勢だけが記述されていて、人間根本をどうするかといった深い内容にまでふれていないのです。又、最近では携帯電話でも占いが出来るようになりましたが軽々しい占いによっての安心感又は言動は、大ケガのもとです。

たとえ運勢がそうだとしても、肝心のあなたの心がきちんとしていなければ、なんの開運にもなりません。その都度、占いの頁を見ては、楽観したり気にかけたり、それを繰り返すばかりになってしまいます。私に云わせてみれば〝呑気〟な人達と云うことです。

いくら運がよくなりたい、お金が欲しい、いい暮らしがしたいと願っても、その人の心がけが悪かったり、行いや振る舞いが悪ければどうしようもないのです。

それから「占いの頁を見て、いいことは信じて、悪いことは信じるのはよそう」というセリフはよく聞きます。これは本人こそ気がついていないと思いますが、たいへん傲慢な考え方です。自分では何もしようとしないで、ただ書いてあること、それもいいことだけを信じようとするわけで、これこそ冒頭で記した「自分都合主義」にあたります。

私たちはこのように、案外、自分の欲求ばかりを優先させ、悪しき言動を棚に上げていないでしょうか。また、一面的に狭く物事をとらえていないでしょうか。

例えば、今まで家族の心がバラバラで勝手なことばかりいっていましたがお父さんの失業をキッカケに一家団結してこの苦境を乗り越えなければと思い家族の愛情にあらためて気がつかされた。これは一見悪いこともあったものの、必ずしもそれだけに終わらず、お金では買えない代え難いものを得た例といえるでしょう。

見方を変えれば、あなたの側にある、幸せが見えてくるかもしれません。

自分の運を考える前に、まず必要なことは、冷静になって自分自身を知ること。省みることです。

今、日本は非常に精神のレベルが低下しています。

政治や官僚の腐敗、大企業の隠蔽、警察機構の汚職や失態、教育医療現場の低落、不登校や引きこもり、少年犯罪の増加というように、政治や経済、教育や家庭、国も個人も質が落ちてしまっています。軌道を外してしまっている。そして、経済が混乱する中で何をしていいのかわからなくなっているのが現代の日本の国です。もともと日本は資源が少ない国ですので、なおさらです。

本書の冒頭にも書きましたが、「腰くだけの民主主義」「自分都合主義」などの大罪が、目を覆うばかりになっています。今の日本人には、〝真心〟という二文字は通じなくなってしまっています。

古代日本の神々の国であった時代は、宇宙、自然界神々の精霊たちに〝真心〟をもって感謝し、また、恐れていたため、人が霊止《ひと》として生きてこられたのです。

将来、この国や人がよく生まれ変わるためには、ひとりひとりが悪しき習慣を変えなくてはなりません。今、その時にきていると私は思っております。

話が少々横道にそれますが、先日私は箱根神社にご参拝いたしました折、一拍ホテルに宿泊して朝の六時頃ホテルの庭先に出て、たまたま、これからの日本はどうなるのだろうと、ふと思い、易花術を使いましたところ、目の前に山があり、その上に悠然とした龍頭の姿をした雲を観ました。もしかしましたら、これを龍雲というのでしょう。

易花術においては、龍は☵坎水の事象で水のエネルギー、天地を自由自在に移動して他のエネルギーと同化しますと混乱を引き起こしそれをもって統一されるという事象です。

龍神様は、天地人、一切のエネルギーの根本です。一見平和そうである日本国も何かのキッカケで大混乱する事でしょう。これは、平成十五年、五月に可決した有事法案と云う不気味な法律にあたるでしょう。法律というのも☵坎水の事象にあたります。山は☶艮土の事象で、新しき、不屈の高き精神性をもってすれば良き日本国に生まれ変わることが出来ることです。いまの日本は、古き衣服をぬぎ新しき衣服を着る時なのです。「終始」ということになります。

ここでのキーポイントは、〝高き精神性〟と〝良き指導者〟そして、何事にも恐れずに変化することです。易花術においては、最初に観た事象を現在、次に観た事象を将来と観ます。

このように、易花術によって、日本の将来を占ってみました。

このままの日本であれば必ずや日本と云う店は閉店となります。が日本人ひとりひとりがどのような大変な時代でも高き精神性を養い、それぞれの場所で正しき力を発揮していけば、新しき日本に生まれ変わるでしょう。そして、古しえの人々の知恵を学び、自然の不思議を再認識し、古典文学及び易花術のなかに秘密があります。

地球に優しく、資源を大切にと大きなスローガンを掲げて、大企業や一般庶民のレベルでもリサイクル（再生）活動が盛んですが、私はこれはすばらしい立派な心掛けであり働きだと思います。私ごときもお蔭さまと感謝申し上げたい心で一杯です。この活動も益々盛んになり、世の中を変えていくでしょう。

そして人、霊止《ひと》の心も行動もどんどん良く変わっていくと信じてやみません。

古しえより日本人はリサイクル（再生）の名人が多くいました。

易花術は信仰、礼儀、もののふの心など、昔からずっと伝承されてきた日本の文化から成り立っています。

易花術を通して、今こそ、古代からの優れた考え方、見方を思い出してほしいと思います。昔に返る。そうとらえてもいいかもしれません。

また、易花術の極意は、自身への探求があってこそ生きてくるものです。極論を言えば、自然世界の生死を見つめ、その課題に切り込んでゆく、実に奥深いものでもあります。

ひとりひとりが身につけることによって、それがひいては国の未来へも関係する重く価値あるもの、それが易花術なのです。

易花術は科学ではない

ところで「易花術は科学であってはならない」ということをはっきりと断言しないと、大多数の人々はかえって、うさん臭いものを感じてしまうのではないでしょうか。

私は占いが科学的なものだとも、統計学的に裏づけが取れているものなどとは絶対言いません。

とかく現代人は「科学的」であるというと、それだけで金科玉条のごとく無条件で信頼してしまうところがあります。でも実は、それが逆に現代人の心を縛ってしまっているとも言えるんです。そもそも運勢とか運命というのは、科学では決して推し量れるものではないはずです。

科学というものは確かに便利なものであるし、それによって人間の生活の質を飛躍的に向上させてきたことは疑いようもない事実です。

でも、どうでしょうか。例えば医学というのは、確かに今まで治らなかった病気や怪我を治す事が出来るようにはなったけれど、薬ひとつを取ってみても副作用というものが必ずあるわけです。

ですから、科学には便利さと、それと引き換えに受け入れなければならないマイナスの側面というものが必ず付随しているのです。科学がある意味では矛盾学と言われる由縁はこの辺にあります。

こういうことひとつ取ってみても、俗に「科学的」と称されるものを一から十まで信頼しきって、身を委ねてしまって果たして良いものか、というところに私は大いに疑問を抱いています。

そもそも占いというものは「〜学」というべきものではなくて、「〜術」なのです。学問に収まりきらない領域を扱っているからこそ、「術」という表現こそがふさわしいものだと思うのです。私が提唱する「易花術」が「易花学」と言わないのはまさにそこにあるのだと考えてもらっていいでしょう。

今、巷では「占い」というものが、いわゆるヒーリングだとか癒しのための道具として使われていて、占ってもらいに来た人たちの悩みや相談事に耳を傾けるカウンセリング的な行為をもって良しとする、という風潮があります。

でも私の考えでは、占いというのは絶対に当てなければならないものなのです。何とでも解釈出来るような曖昧な言葉で逃げるのでもなければ、路上のセラピストでもなくて、明快にズバリと核心を突く、それが出来てこその占いなんです。

「易花術」はまさしく科学の力の及ばない、また占いをも超えた新しいものなのです。それは宗教であり、芸術であり、哲学でもあるのです。そして神道、易経、万葉集が基礎になった大きなものなのですが、次に、それらの三つの宇宙感について説明しましょう。

「神道」にみられる人の生き方

この世はなぜあるのか、なぜ生き物には生と死があるのか、人はなぜ生まれてきたのか、このような疑問は、当然、古代の人々も発したと思われます。

こうした事に対する答えが神話でした。神話は、人類の最初の思惟であるといわれるゆえんです。やがて、自然哲学と呼ばれるものが起こり、思想や哲学となっていきました。

我が国の古典である古事記、日本書紀、古語拾遺、風土記などに記される神話には、国土の誕生から神々の系譜、そして、出雲の神の大国主大神を中心として国づくりが行われてきた様子が豊かな描写によって語り伝えられています。

神話のなかには、自然を神格化した神、英雄神、私たちの祖先にあたる神々をはじめ、実に多くの神々が登場します。そうした神々が織り成す壮大なドラマのなかに、日本人は人間としての生き方を学び、信仰の糧を得てきたわけです。

神道には経典というものがありませんが古事記、日本書紀、古語拾遺、風土記など神話や歴史をとおしてこの世の生き方を教えているのです。

一般的に神道というとピントこないかもしれないでしょう。この学問を深く掘りさげますと大変に難しいもので、ここでは少々やさしく説明します。

神道は大きく分けて教派神道出雲《いづも》大社《おおやしろ》教《きょう》はじめ十三派あります。他に古神道、神社神道（一般神社）などがあります。

神道は、戦前、戦後に苦しい時代もありましたが、神々が人々を助くるという本義を捨てずにいてくれましたお蔭で、「現代神道」という霊的な感性のもと生まれ変わりました。

江戸時代（一七三〇―一八〇一年）後期の国学者でありました本居宣長翁という方

が、深く国学、神道学など研究され多くの著書を残しました。

この方は、神学を基礎にすることを訴え、当時においては質量ともに多大な貢献をした国学において大成功をおさめた方です。

その一著のひとつ「直毘霊《なおびのみたま》」の中に、本居宣長翁自身の思想表現で、事（わざ）・心（こころ）・言葉（ことば）の一致を解説した実践の書があります。

これにおいて易花術が、いかに神道的な力をもつかが理解出来るでしょう。易花術とは、信仰、芸術、哲学であります。そして、易経、神道、万葉集が原理となっています。

易花術において、本居翁が示した事（わざ）とは易経そのものです。心（こころ）とは神道精神です。言葉（ことば）とは万葉集であると私は考えました。これの一致によって易花術が誕生したのであります。

まず大切なことは、人のために幸せを祈れるかどうかです。人の幸せを祈れない人は自分の幸せも祈れません。たとえ祈ったとしても神には通じません。

信仰というものは、けして生活から遠く離れたものではありません。何かを成就させるためにはまず「自分を信じる」こと。「自分を信じる」ということは「己の中にいる神を信じなさい」ということと同じです。それが「祈り」という心となっていきます。

「自分は将来、デザイナーになりたい」「どうしてもお金がほしい」「結婚したい」……何かの都合があって神棚や仏壇に向かわずとも「自分自身の心、魂に祈る」ということが大事で、これを神道では「自霊拝《じれいはい》」といいます。自霊拝の奥義は「自他共有の祈り事」です。

実際に神道にふれる時は「神さまと形のある『物』をやりとりしている」ことを忘れてはいけません。神社にお参りに行った時の作法を正確にできる人が何人いるでしょう。祭式作法はややこしいものではなく、神さまと向き合う上での最低限度の「礼儀作法」なわけです。それが形というもので、それが身についている人は日常の立ち居振る舞いもきちっとできている人です。

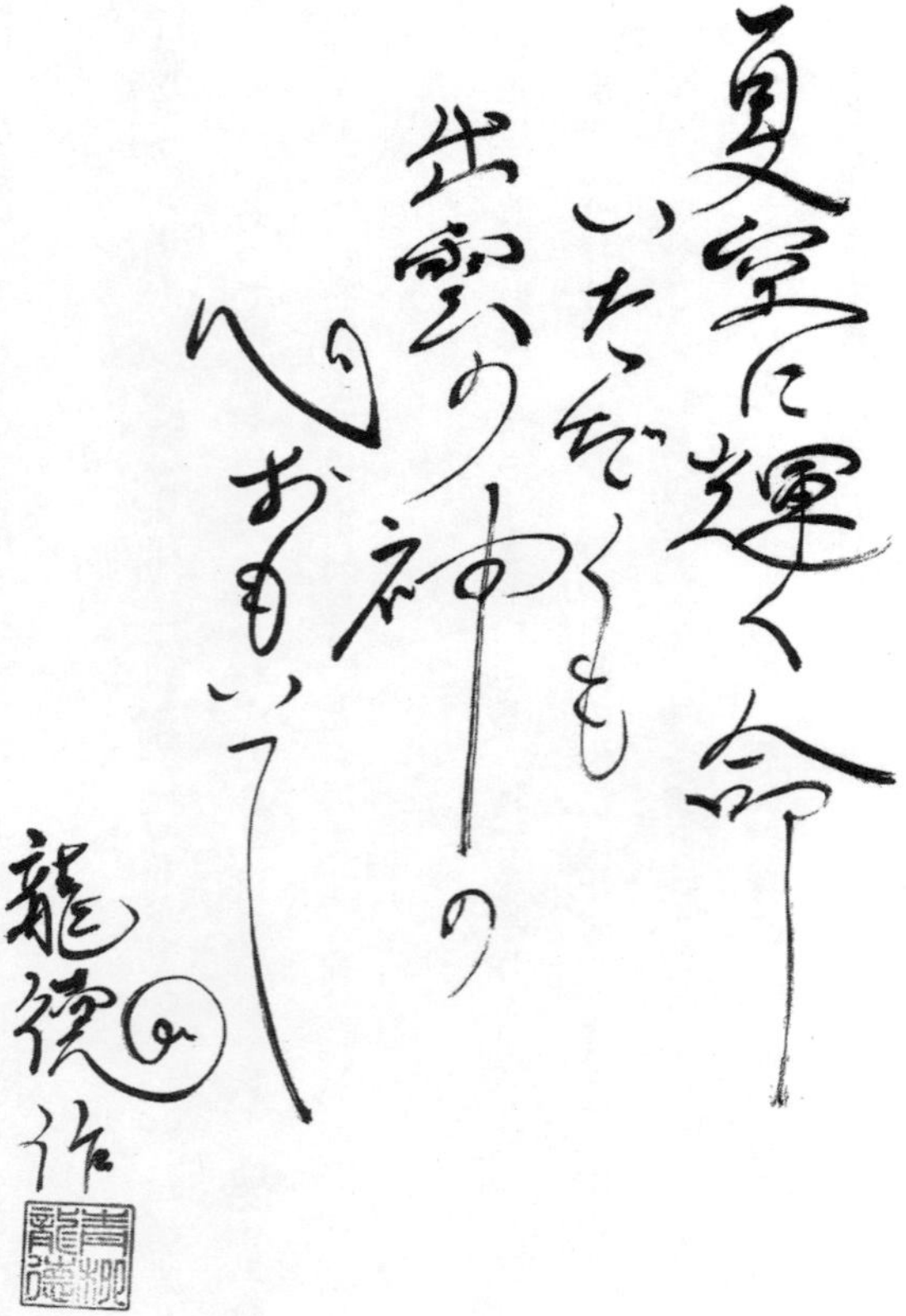
夏空に輝く命
いただくも
出雲の神の
龍徳作

「易花術」は、こうした神道の神を敬う考え方が入ったものなのです。

易経とはこの世の事象を明白にすること

次に易経についてやさしく説明しておきましょう。なぜかといいますと多少なりとも易経の意味がわかりませんと易花術をもって占うことが難解になるからです。今盛んに流行している風水学も、もとは易経が基盤となっている学問です。

私は「自然界は息の集合体」と常々申し上げております。易経は宇宙、自然界との調和と融合をもって、人格、品性、知性、個性、協調性、学問などを高め、人がこの世を生きるとはどういうことなのか、人の道とは、地の道とは、天の道とはなど様々な答えを示してくれていますが、かなり難解な学問で、よほど勉強しませんと難しいと思います。それゆえに、中国においては帝王学と申しております。

古代中国でも、国を治めること、人々の幸、不幸、幸運、不運という不可解な働きがなぜ働くのか宇宙森羅万象にその原理を求めました。やがて陰陽五行説という自然科学ともいう働きがあることを知りました。

ここで私なりに皆さんに注意しておきます。多少なりとも運命学を知っている人はまた陰陽五行説の説明か、といってこの頁を飛ばしてしまうかもしれませんが、これはじつに軽率なことです。

私が実際仕事として、お祓い、浄霊、霊査など含め運命相談をして難しい人生の悩みを解決していくのには、この陰陽五行説という力が実に大きく発揮されます。決してみなさんが思っている読みなれた〝コトバ〟ではありません。

ここでは、陰陽五行説を、五行説と陰陽説に分けてみましょう。

五行説とは、宇宙森羅万象は木・火・土・金・水の五元素（陰陽の気）から複雑関係をもち、それらの五元素の無限なる働きによって生じてくるものであります。

これらは、地勢、方位、エネルギー、色などによって人々に影響してきます。たとえば方位においても＝東西南北中央によって生まれてくる力があり、太陽系の五惑星にも対応して、古代中国では、木星、火星、土星、金星、水星が日月、陰陽の精霊の神々に配置されることになります。

次に陰陽説の説明をします。

宇宙森羅万象の根本原理エネルギーは天地、陰陽、男女、強弱、黒白、左右他などをもって表現したものです。易経は、周（前二〇〇〇~前二二五六年）の時代に発展し、周易といって、これを経典としたものが易経と称して、陰陽、六十四卦、三百八十四爻辞の事象をもって解釈されます。

まず宇宙太極が分かれ陰陽となり、次に四象が生じ＝老陽、小陰、小陽、老陰に分かれ、八卦を生じました。

そして、八卦とは乾《けん》（天）、兌《だ》（沢）、離《り》（火）、震《しん》（雷）、巽《そん》（風）、坎《かん》（水）、艮《ごん》（山）、坤《こん》（地）となります。俗にいう〝当たるも八卦、当たらぬも八卦〟という言葉がありますが、この八卦を指します。

これ以上難しい易経を説明しますと、みなさんも疲れてくるでしょうから、この辺にしておきましょう。ただし易花術をもって宇宙、自然界からの占示をいただくには、この八卦の働きがすべてですから、頭のスミにでも入れておいて下さい。

先にもいいました安倍晴明も決してテレビ、マンガなどでいう妖術使いではなく、この易経が一番得意な術として古書に示しております。

私は、東洋運命学による鑑定相談、悪鬼祓い、浄霊、霊査、因縁浄化などによって、病苦、貧苦というさまざまな人間界の苦しみを宇宙、自然界の神々の力をお借りして日々私なりに使命を果しておりますが、今回この著書において初めて皆さんの幸せのために易花術「環境事象学」という誰もが幸せになれる新しい運命体系を発表します。今までの多くの運命学、神霊学などはそれなりに厳しい修行や勉強することによって、会得することができました。もちろん易花術もそれなりに勉強しませんと応用も利用もできないでしょう。

〝ケガレ〟た心や、怠慢な生活をしている人々、悪因縁深き人々は、人（霊止《ひと》）になることが先です。そして、宇宙、自然界神々精霊の力、そして神霊の存在を信じることです。神霊の声を信じる幼な子のような心が必要なのです。そのような心になれば、易花術はあなたの一生涯の良き友となることでしょう。

易花術は、運命の羅針盤であり、あなただけの神々の声です。

人間の苦しみ不幸の原因とは、すべて物事の迷いにつきるのです。

ついでにいっておきますが幽霊とは、死んでもこの世で迷っているからあの世にいけずにでてくるのです。〝迷い〟という心はあの世でもこの世でも人生を苦しめます。

易花術はカウンセリング学ではありません。

一番大事な事は、物事に対して良き決断する〝チカラ〟を得ることです。簡単にいえば、迷いを断ち切る〝チカラ〟がないときは不幸にみまわれますが、迷わぬ心のときは、青天のごとき心ですから天運は味方するでしょう。

この決断の大切さはすべて歴史が物語っております。先般までNHK大河ドラマで有名になりました、『利家とまつ』というドラマ。みなさんも観ていたでしょう。この戦国時代に生きたまつという女性の決断が前田家を救い、また加賀百万石という家柄にまでになりましたのは、まつが家康の人質になるという決断でした。その一つの大事な決断がなければ前田家は滅びてしまったのです。

人間の幸、不幸を分けるのは、いつの時代でも変わりません。〝決断力〟です。

人間の苦しみの原因は迷いなのです。

日々の生活で迷いの心が繰り返しますとノイローゼとなります。最近はメンタルクリニックというところへ行く方が増えたようですが、もとは迷いの心です。恋愛の苦しみ、お金の苦しみ、家族の苦しみ、仕事の苦しみ、会社経営の苦しみなど、すべて迷路に入ってしまうからです。

病気になる人々の相談にのっていますが、その人々の人生が、ほとんどといっていいほどつねに物事の迷いの世界に出たり入ったりしています。その結果、霊障となり霊の喰い物にされてしまうのです。こうなりますと、病院を転々としても原因がわからず、検査を何回しても、病院の先生でもさっぱり病気の原因がわかりませんから病院の先生も迷ってしまいます。精神的にも肉体的にも、人生での事象出来事に対して、結論が出せず迷い迷って、迷いを繰り返しているのです。

そのことを自分ではわからないことがまた始末が悪いことになります。そして、結論を出さない、出せない、その結果病苦という苦しみが繰り返しやってきます。

結婚も同じです。迷って、迷って結局結婚できなかった。お金関係も同じです。資金があれば事業を起こせば良いのに、迷ってチャンスを逃してしまう。お前、実力あるんだから会社を興せよと言われてるんだけど、そんなに力あるかなぁと迷って、一年二年考えた末やっぱり止めとくかとなります。また家族の問題にしても解決しません。離婚した方がいいか、しない方がいいか。昔から、政治家などがなぜ占術家を使ったかというと、政治家にしても事業家にしても要するに、人は迷いの塊だからです。

そういう時に一般常識的なことではなく、明白な答えを占術家に依頼して決断のヒントにしていたのです。場合によっては占断通りに動いていました。参考までに記しておきますが中央文庫の片岡紀明氏著書で、「易断に見る明治諸事件」などがあります。

易経をちょっと参考程度に自分の運命を軽くみている人は、安易な生き方しかしていませんし、正しい決断ができない人は幸せにはなれません。

本来の易断、断を下す易は、何においても迷っている人を救うことにあります。また自分が迷っているなら救われなきゃいけない。慰められても救われることはないでしょう。慰めるものは易花術ではない。〝救われるものが易花術なのです〟。

人生と云うのは、物事に対して、選択の連続です。迷うのは当然かもしれません。それでもあせらずゆっくりと、一つ一つ結論を出して、乗越えていくのです。チャンスは何んどでもありますがあなたの心がけ次第です。

開運できる人は「心」「行」「学」が調和されている人です。

心とは心がけ、行とは言動、学とは、いくつ年をとっても勉強していることです。

万葉集・言霊の霊力

日本最古の芸術、文化といわれる万葉集の中には、神道で言われる「言霊」が多く含まれています。「言霊」とは何なのでしょう。名前は聞いて知っていらっしゃるかもしれませんが、その意味は？　と訊ねると、答えられる人はほとんどいません。「言霊」とはコダマのことなのです。コダマは目に見えませんが音波動という力が跳ね返ってくる「物」です。ボールを壁にぶつけると跳ね返ってきます。山に向かって叫べば、声は跳ね返ってきます。どちらも同じ「物」だからです。

神道でいう「祝詞」や他の宗教にも見られるように、人が神と話す時、自分の祈りや願いを言葉にして発しています。それは言葉が跳ね返ってくることを確認する儀式なのです。

言霊の働きとは、シンクロニシティであると思います。なぜかといいますと、言葉の世界と現実の世界が一致する神秘的な力をもつからです。

その例えをあげましょう。

旧約聖書の『創世記』によれば、この世は言霊によってつくられているのだといっております。「神はいわれた。『光あれ』」こうして光があった……。

まずは神が言葉を発した。その後で言葉どおりの天地創造がなされた。これなども言霊はシンクロニシティであることの説明です。

私は姓名学による鑑定もたびたび依頼されるのですが、私の経験上、姓名にも霊力が宿っていると実感しております。

姓名から発する言霊によって、その方の運命が理解できることです。いわゆる姓命通りの運命を歩むことになるということです。

万葉歌人で柿本人麻呂と並ぶ二大歌人といわれていました山部赤人は、あまり時代的評価はなかったようですが、赤人の歌に姓名には言霊の霊力があることを詠んだ歌があります。

みさご居る　荒磯に生ふる　なのりその　よし名は告らせ　親は知るとも

赤人は、名前さえわかれば親に交際を反対されても、彼女の心を思いのままにできるという自信があったという歌です。

これも、言霊はシンクロニシティであるということを古代日本人は知っていた例でしょう。他にも万葉集には姓名に重要性を示した歌がうたわれています。

百積の　船隠り入る　八占さし　母に問ふとも　その名は告らじ

大きな船が入港できる港浦があります。浦といえば、さまざまな占いをして、母があなたをさがすかもしれませんが、あなたの姓名は絶対に知らせません。姓名がわからなければどのような占いも無力でありますという歌です。

当時も現代も、考え方さえ多少の違いはありますが、真理と思います。

私もご祈祷等するときは、非常に姓名の言霊を大切にいたします。ある意味では、言霊とは人によっては〝呪術兵器〟となりうるのです。

このように言霊とは、自分の言葉の力に気付き、悪縁を良縁に、不運を幸運にと、幸せになっていきたいと思えば、強く良い言葉を発し、そうすることによって自分が発した言葉の世界と同じような事象が現実化していくのです。これを先ほどもいいましたが、言霊とはシンクロニシティという働きです。

神への祈りも発する人の言葉の強い、美しい、正しいなど、また、弱い、暗い、いい加減など、人によってさまざまな力関係がありますが、神に対して、誠なる言葉をもって祈る人の祈り（言霊）は通じるでしょう。

また言葉は、自分の身の周りの気を変えていく働きを持っています。「こんにちは、いい天気ですね」という言葉が天の気も浄めますし、相手の気ももちろん、何より自分の気も浄めます。反対に「あいつは嫌なやつだ」と口で言ったとたん、そのことがそっくり自分に跳ね返ってきて、自分の気も嫌になってしまいます。

言葉というものは自分の心から発せられるもので、悪い言葉を発すれば、自分の人生は悪くなります。

古代も現代も日本の国は、言霊のよく働く国であります。但し、現代人はそのすごさをすっかり忘れてしまっているようです。

やはり、言霊を強く信じた人の方がなんといっても強運となります。言霊の力が働く現実と偶然が一致をし発現されます。

昔から自分の将来の夢は語れといいますが、これは〝言ったが勝ち〟という意味で、時空を越えて具現化することを指しているのです。何度でもいいますが、言霊とはシンクロニシティなのです。

とにかく、まず相手を敬う、相手を慈しむ。そうすることによって自分の心が祓われていく。これは私が行う言霊祓いの原点なのです。

万葉集の中にはそういう世界が広がっています。美しい善い言葉が多く詠われています。神道でいう「善言美語」という美しい世界を知ることになります。これは文字通り「善い言葉を美しく語る」という意味です。

万葉集の中にこのような歌があります。

言霊の　八十のちまたに　夕占問ふ　占正に告る　妹は相寄らん

言霊のバイブルといってもよいといえる万葉集においてこの歌は、辻占いという占法がもっとも働きやすい場所は人の行きかう辻であり、言霊が働きやすい時間帯は夕方であるといっているのです。これを別名「夕占」ともいっています。

辻占いとは、道を行きかう人々の偶然聞こえた言葉とか、しぐさとかを観て吉凶を占うという方法で、当時としては盛んに流行したようです。

辻占いには、いろいろな言葉が法則として出てきます。辻占いと易花術には、共通するものがあるんです。

大学などで万葉集を勉強している人は、万葉集のいろいろな色恋沙汰や情緒論議など論議や解釈することが多いのですが、本来万葉集というのは自然界の呪力の歌が多いです。詠めば、美しく、華やかな世界なのですがかなり呪力と思うところをもってます。私は呪力の部分が非常に大切なことだと考えております。人生とは何か、言霊とは何かという呪力の部分を「易花術」では使うことになります。万葉集の呪力のある部分が、「易経」と「神道」との結びつきそして、解明されるのです。

風つぎつぎ
さいあらしから
さざめか道すがら
川の水面にす
われかおつつ

龍徳作
青柳龍徳

日本人の心〝易花術〟

このように易花術というのは、昔なつかしい日本人の心のふるさとがあります。事（わざ）としての易経、心（こころ）としての神道、言葉（言霊）としての万葉集と結びつき、人の心の汚れた部分、世俗社会の破壊的機構を少しでも後世のために、良き地球と地霊を残してやまない私の心が、易花術へとつながっていったのです。

神道、易経、万葉集にしても、すべての古典は日本人の「ふるさと」です。「ふるさと」は自分の癒しの場所であり、人生を立ち返る場所であり、悪しき運命を反省する場所なんですね。何か失敗したら「ふるさと」に帰り、反対に人生に成功しても「ふるさと」に錦を飾ります。

これらは日本の精神構造としてみなさんの心のなかにインプットされているのですが、みなさんが気づこうとしないか、気づきたくないのか、また、気づけない心情環境なのかでしょう。

いかにして人間本来の自然の姿、原点に帰ること、そして、もとに戻った所に幸せになれる扉が開らかれるのです。古語に次のような言葉が残っています。

「幸せとは東にあらず、西にあらず、北みちさがせ南（みんな我身）にある」といっています。

自分の心を原点に戻して、宇宙、自然界神々の精霊たちの声を聞いて、是非とも開運していただきたいものです。

但し、易花術において、せっかくの種火を消してしまう悪しき心を十三教示の教えをもって示しております。日々の生活の中で守って下さい。

一、いやしい心

二、くらくなる心

三、かるがるしい心

四、おごりたかぶる心

五、　いかりうらやむ心
六、　うそいつわりの心
七、　わるがしこき心
八、　なまける心
九、　ねたむ心
十、　ひとをりようする心
十一、こうげきする心
十二、ひとをうらぎる心
十三、うろたえる心

以上の十三教示は、易花術によって強く戒しめております。

第四章

人生は何度でも生き直せる

孤独という環境を大切にしよう

「人間生まれてくるときも死ぬときも一人」とはよく言いますが、決して一人きりでは生きられないのが人間という生き物である、ということもまた事実です。

誰しも年老いてくると、友だちや家族に先立たれたり音信不通になったりで、しみじみと孤独を感じることがあるでしょう。一方で老いるにつれて孫も増え、家も栄え、ますます人に囲まれていく人生を送る人もいるわけです。

しかし孤独というものは、自分が孤独と思い込んでいるだけの場合がほとんどなのです。心がすさんでると殻に閉じこもって他者とのかかわりを避けたり、内へ内へと入り込んでいってしまうのが人間の常でしょう。そんなふうにしていたら孤独を感じるのは当たり前です。

人間は誰かに助けられて生きています。自分から一歩踏み出して何か事を起こそうとしてみれば、自分と誰かとの関わりが必ず生じてくるはずです。私が強調したいのは、そのつながり、関わりというものに意識を向けてほしいということなのです。そうすれば、けして孤独ではないということに気がつくはずです。

逆にいえば、自分は孤独だと思い込んでいる人というのは、たいていの場合何も事を起こそうとしていない人です。

人間として生きるということは、何かをするということに他なりません。あなたが今生きているのも私が今生きているのも、何か使命を与えられて「生かされている」ということなのです。

どんな人でも、必ずその人がすべき使命というものがあるわけで、それを遂行するためにほんの一歩でも足を踏み出してみれば、必ず誰かとの関わりが出来ます。そうすれば、そのときはもうあなたは一人ではないということが実感できるはずです。

わかりやすい例を考えてみましょう。皆さんは山に登ったことがありますか？　何も登山というほどのものでなくても、ちょっとしたハイキング程度でも、少し山奥に入ればハイカーと行き交ったとき、相手が見ず知らずの人でも必ず「こんにちは」と声をかけ合うと思います。あれは一体なんなんでしょう？　ふだんそれほど愛想の良くない人でも、山の中で人と出会うと、自然に「こんにちは」という言葉が出てきてしまう。これは街中ではまず考えられないことです。

その理由を考えてみたことがありますか。それは山という非日常の環境に身をおいたとき、人は誰しも無意識のうちに寂しさを、不安感を実感するからなのです。だからこそ、自然にあいさつの言葉が出てくる。日頃の日常空間では、みなどこかで突っぱっているから、心の奥底にある寂しさをあまり人前では出さないようにしているだけなんですね。

また、己の寂しさを認めてしまえるのは、なぜかというところまで考えてみますと、これはひとえに自然界の〝フトコロ〟に身をおくと、人間誰しも自分の存在のちっぽけさに厭でも気づかされるからなんです。人っ子一人いない山奥でも、見渡す限りの大海原での航海中でも、そこでもし自然が牙を剥いたら自分ひとりではどうしようもないだろう、ということを無意識のうちに感じとっているのです。

だからこそ、そんな自然の真っ只中で誰かに出会えば、たとえそれがあかの他人でも、一生に二度と会うことがない人であろうとも、お互い自然に挨拶を交わすのです。そこには、日常生活の中で突っ張っている心のバリアみたいなものは一切ありません。純粋に人と人との関係性のみにおいて、出逢ったことを感謝する心情が芽生えるのです。

こういう突っ張りこそが孤独へとつながる道だということに気づいて欲しいのです。私自身もそうですが、旧来からの宗教者というのは厳しい自然環境にあえて身をおくことで、「自分は寂しい」ということを徹底的に自覚する修行を積んだものです。自らの寂しさを一度根底から認めてしまえば、下界の世俗に身を置いてもけして寂しさに苛まれるという事はありません。

自分の寂しさ、弱さというものをしっかりとらえれば、日常の社会生活に戻ったときでも、ほかの誰もが心の中で感じている寂しさを理解することが出来るはずだし、そこから人との関わりにおける優しさも生まれてくるはずです。

人間誰しも一人で生きているわけではない。いや、一人では生きられないのです。だからこそ、孤独な人など一人もいない、ということをまず自覚すること、そこからすべてが始まるのです。

もし、今、私は孤独でひとりぼっちだと思っている人がいたら、その孤独な環境を大切にしてください。そして、精霊たちに感謝してください。何かが生まれます。

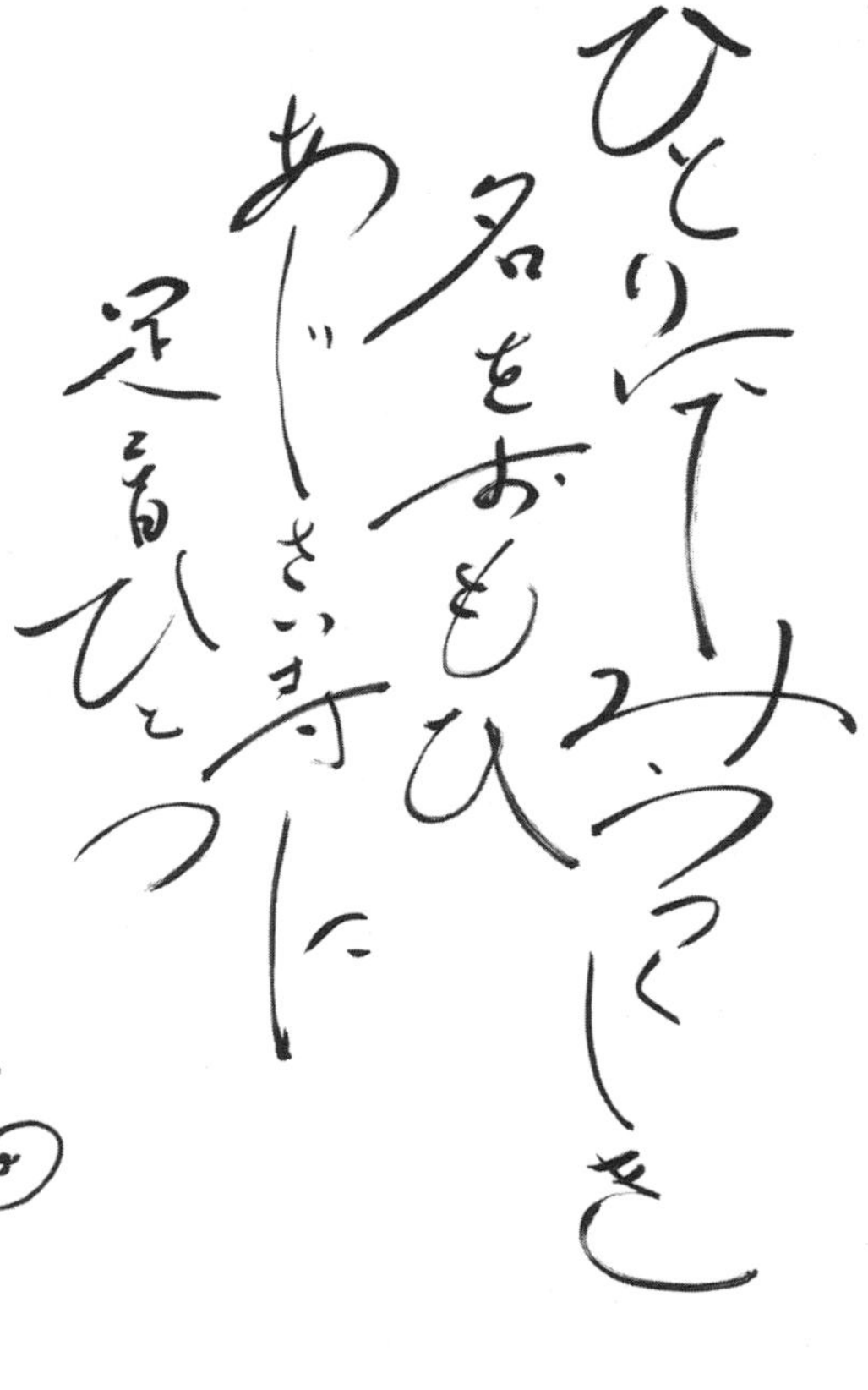
名をおもひ
あじさい寺に
足音ひとつ

「ないない探し」はやめよう

もうひとつ例を引いてみます。テレビや週刊誌でよく見聞きすると思いますが、芸能界のスターが自分は孤独だったなどと告白することがあります。いつも大勢の人に囲まれて、自分を知らない人などほとんどいない。世の中の人が、叶うことなら自分の人生と取り替えてもらいたいとさえ願うようなスター。そういう人たちでさえ、孤独だというのです。これは一体どういうことなんでしょう。

さきほどから、私は孤独な人は一人もいないと繰り返していますが、彼ら芸能界のスターが抱く孤独感というのは、周囲の人々によって自分が持っているものを剝ぎ取られていくことによって感じるものなのです。自分の芸や才能を、極端な話、まわりがよってたかって剝ぎ取っていく。だから心の底から腹を割って話せる人と出会うことが難しくなる。そこで自分がどんなに大勢の人に囲まれ、賞賛を受けようとも、孤独感を感じてしまうのでしょう。

でも、私は芸の世界に生きる人にとって、その芸を愛していれば、それが心の支えになって、人との関係にも新たな見方が出来るのではないかと思っています。歌手であれば歌が、役者であれば舞台が命であるはずです。彼らにとって歌なり舞台は我が子のような存在です。我が子であってみれば、それは命がけで愛し、守らなければならないものでしょう。

命がけで守らなければならないものを持つということは、その人なりの哲学を持つということです。哲学といっても難しいことではありません。自分の人生を支える心の柱といった意味合いに考えてもらってかまいません。

先の例で言えば、歌を持っている人なのか、舞台を持っている人なのかということですし、人間は誰でも何かしら自分なりの哲学、生きるための縁《よすが》を持っているはずなのです。大事なことはそれを忘れてしまって押し出すことをしないのですね。

そして、人間というのはまた不精な生き物でもあります。お金とか、地位名誉とか、そういったものばかりに囚われているから、結局苦労探しばかりしてしまう。孤独探し、ないものばかりを求める「ないない探し」もまた人間は得意です。放っておいたら、そんなことばかりしていることでしょう。

そうではなくて、なぜ自分自身の人生の「幸せ探し」、今、自分の手のうちにある大切なものを探す「あるもの探し」をしないのか。

誰もがしていない。出来ないのですね。芸能界のスターの話で言えば、歌なり舞台なり、自分の子供とでも言うべき存在を誰しもが探し出さなくてはならないのです。少なくとも精神のバランスを崩さないだけの生き甲斐を、確実に探せる人こそが人生の達人といえます。

どんな世界に生きる人であれ、そういう哲学さえ持っていれば、何か逆境に立たされたとしても、ふとした瞬間に自分の周りにある自然の営みに心を開いて救われることがあるのです。それがその人の再生のきっかけになっていきます。人生の途上で様々な困難はあるわけですが、結局突き詰めてゆくと、人間は自然というものに救われる。「自然によって教えられる」ということを、心のうちに留めてみてください。

人間は入院すると病室から必ず窓の外を見たくなるものです。それは自然の力を求めているからなのです。それが人間の本能です。これは人間のあるべき人生の舞台が自然界にあるということです。自然界に慰められて、我に返って元いた場所に戻って来る。ですから、自分の周りから人が離れていったとしても、自分の周囲の自然はけして離れていくことはありません。そういう意味において、誰も孤独な人というのはいないのです。

間（魔）を取りなさい。その余裕が大切です

人間は誰しも心に無理をしたり、やせ我慢をしたりするものです。それは過信であったり、自分に限って大丈夫だろうという根拠のない思い込みからくる場合が多いんですね。たとえば車を運転していても自分だけは事故なんか起こさない、会社でも自分に限ってリストラされたりしない。そんな過信は多かれ少なかれ誰にもあるはずで

す。

でも実は、そういう過信に基づいて無理をすることが一番良くないということをここではお話ししたいと思います。

それはいわば、雨が降ったなら傘をさせばいいということなのです。言い換えれば、過信したり慢心したりせず、謙虚に生きるということにほかなりません。みんな肩肘張って生きているけれど、実はそれが大怪我のもとです。やせ我慢は百害あって一利なしです。

たとえばあなたが今、自分の会社を興そうとしている大事な時期にあるとしましょう。幸いにして資金的には問題なく自社ビルを建てられるくらいの余裕はある。その時、目をつけたビルがたまたま曰く悪因縁のある物件だったとしましょう。先の比喩で言えば、その事がわかった時点で、もう雨が降っているわけです。

でも、それがわかっていながら強がって「自分はそんなことは気にしない」とばかりに突っ張ってしまう人がことのほか多いのです。ですから、この例で言うなら、悪因縁やアヤが付いた物件だとわかった時点で、少し頭を冷やして他の物件も探してみる、あるいはいろいろな方面の人にその物件の事を聞いて回る、そのくらいの慎重さがほしいということです。それが私が言う「傘をさせばいい」ということなのです。

男女関係でも同じようなことがいえます。誰かを好きになった時、周りから聞こえてくるのはその相手の悪い噂や中傷ばかり、なんていうことは古今東西を問わずよくある話です。そんな場合も、一気に突っ走ってしまうのではなくて、じっくり考えて、多くの人の話を聞いてみるといった、待つ勇気も必要だということです。それが生きるための知恵というものです。

なまじっかな学歴などより、こうした知恵を持つ事の方が生きていく上ではるかに重要だということは皆さんも先刻ご承知でしょう。

動物は、人間以上にたいへん賢い生き物です。

例えば、冬になると寒さから身を守るために自然と体毛が増え、環境に適した変化を起こしますし、敵が近くに来れば直感に危険を察知して逃げます。

しかし人間の場合、自分を過信し、ついつい傲慢になり行動に移してしまいます。失敗をして、あらためて自分の思いあがりに気がつくわけです。

動物は人間と違って祈ることができません。これは、神様が与えた同じ命でありながら、人間と動物の大きな違いです。しかし、生半可な人間より知恵のある動物はいると思います。例えば犬などは、時々空を見て何か思い込んでいる姿を見ますが、もしかすると何かを祈っているのかもしれませんね。

つらいこと、苦しいこと、迷っていることがあったら、外へ出ないこと。どうしても出たいのだったら、やせ我慢せずに心に傘をさせばいい、それだけのことです。そうすればより大きな不幸や不運に見舞われることもありません。たとえ災難に会ったとしても大難が小難、小難が無難となるでしょう。それが自分の運勢を良くしていく基本なのです。

あなたの中に生きていく「種火」はありますか

みなさんも折に触れて、成功学の本などを読まれたことがあるでしょうが、そこにはよく、チャンスは何度でもあると、書かれているのではないでしょうか。

確かにそのとおりです。長い人生の中でチャンスというのは、実は路傍の石のごとく、どこにでも転がっているものなのです。だいじなのはそれを生かすかどうかはその人次第で、チャンスをチャンスとして見極められるかどうかが問題なのです。

易花術を実践する身として、私なりのチャンスの捉え方について少し説明しましょう。

最近私のところに相談にみえた方の話でこんな事がありました。

彼はもうそこそこの年輩なんですが、事業に失敗して意気消沈して、私のところに相談にやってきました。こういう方々はたいていの場合、私にこう訊いてきます。

「先生、私にはもうチャンスはないでしょうかね。これからどうしたらよいのでしようか？」

事業を失敗した原因はいろいろあるでしょうが、私は鑑定の本題に入る前に時々、依頼者に聞くことがあります。それは、

「あなたの中に種火はまだありますか？」ということです。

するとたいていの方は怪訝な顔をされます。そう、確かにいきなり「種火」と言われても何のことかわからないでしょう。

ここで言う種火とは、神が火をつけたら一気に燃え上がるようなものがあなたの命のうちにくすぶっているか、ということなのです。種火とは命の力であり、生命力と言ってもいいでしょう。もっと平たく言えば、やる気、元気、勇気といった、こころのエネルギーだと思って下さってもいい。もし、それがないとなれば、その人には決して「チャンスは何度でもある」という言葉は当てはまらなくなります。

どんな苦難に突き当たっても、どれほど辛酸をなめようとも、年齢や境遇をかえりみず、「もうひと花咲かせたいんだ」という強い思いが残っている人は、私が言う種

火がある人なのです。

人生は何度でもチャンスがある……。そのことを実証出来得る人には、この種火こそが欠くべからざるものです。逆にいうと、種火がない人にはチャンスは巡ってこないという事です。転がっているチャンスを掴み取ることが出来ないということなのです。

燃え尽きる寸前のソウソクの芯にかすかに灯っている小さな焔……。そんな程度でもいいのです。種火さえ残っていれば、必ずチャンスは巡ってきます。チャンスが引き寄せられてきます。もっと言うと、引き寄せるのはチャンスだけではなくて、人をも引き寄せてくるのです。良き人との出逢いですね。それもこれも種火があるかどうかにかかっています。

例えば身体をこわして病院通いの日々を送っている人がいるとしましょう。通院中にたまたま昔の知り合いとばったり出くわし、相手に病気のことを話したとする。それを聞いた相手が、あなたの病気にとって、もっといい病院を紹介してくれた。その結果思いのほか早く全快した……。

そんな話は私のところに相談に来られる方からよく聞くことです。ほんとうだろうか、と思えるような幸運、チャンスが寄ってくるのです。もしこの話の中で、当人が生きる気力を失って自暴自棄になっていたとしたらどうでしょう。たまたま昔の知り合いと出会うこともないでしょうし、たとえ会ったとしても、別の病院に移ったらなどという話の展開にならないでしょう。

「自分は何としても病気に勝ちたい、治したい」という気力（つまりこれが私の言う種火です）がみなぎっていたら、その人と接した人間にはそれが伝わるものです。相手のそうした強い意志を感じ取れば、何とか力になってやりたいと思うのが人情でしょう。そこで、先ほどの事例で見たように新たな展開が訪れるわけです。

もうお分かりでしょうが、チャンスというのは巡り合わせということにも強く関わってくることなのです。

そして、良き巡り合わせこそが人生を大きく変えてしまう開運力なのです。

一流の人は「見返り」を求める生き方はしない

世の中には、お金やモノ、人に好かれる人とそうでない人がいます。誰しもお金が欲しくないという人はいないでしょう。でも、もしあなたが「お金に好かれない」部類の人間だとしたら、どんなに働いても経済的な成功は見込めないでしょう。

具体的に説明しましょう。私が言う「お金に好かれる人」というのは、まず生き方が「貸方」の人生から出発しています。

これはどういうことかと言うと、ものの考え方や行動が常に他者に対して与えることと、献身することを第一義としているということなのです。よく言う「ギブ&テイク」の「ギブ」を常に重んじて人間関係を結んでいるわけです。何も金を貸すとかいうことばかりでなく、極端な言い方をすれば、運も与えてしまう。

こういう人には、不思議と周囲に人が集まってくる、人が後からついてくるのです。いわゆる「良縁」というものです。既に説明しましたが、「良縁」が出来れば、チャンスも増えてくる。そうすると必然的に金にも恵まれる、という循環になっていくわけです。

逆にいうと、お金やモノ、人に好かれない、恵まれない人というのは、常に「借方」に回っています。お金を借りたり、もらったりという側にばかりいる。そうすると結局のところ、お金には恵まれなくなるものなのです。いつまでたっても貧乏だという人の多くはこのような人々です。そして、不思議とそういう人々に限って相手に逆うらみをします。

こうなると、まず人もお金も集まってきません。縁も減り、当然チャンスにも恵まれない。それではお金が入ってくるわけがないのは、説明するまでもないでしょう。

では、貸方の人生を送るにはどうすればいいのか。私もいろいろな分野の事業で成功した方とお話しする機会が多いので、これは日頃から感じていることなのですが、貸方のタイプの人というのは、とにかく周りの人に尽くすタイプだということです。

例えば会社の経営者だとしたら、社員はもちろん、その家族に対しても、有形無形のものを相手に与えたり、貸したりすることを第一に考えて行動しています。自分が儲けたものは自分だけのものと囲ってしまわず、常に他者に還元しようと努めています。

それはあえて言うなら湧き清水のような存在です。稼いだら吐き出す、いい事があったら他の人にも分け与える。そういうことをごく自然に実践している人のところには不思議とお金やモノ、人が集まってくるものです。

誰しも自分の力で稼いだものは自分だけのものとしたいでしょう。でも、それではそこで止まってしまう。それ以上の道は開けないということです。

だから、お金やモノ、人に恵まれたかったら「湧き水になりなさい」と私はよく言います。

これを易花術において説明しますと、☱兌金の事象で、沢は水が集まって生命体が誕生するものであって、水が集まれば万物は潤い、万物を生長する、そしてその働きを喜びとします。

清らかな湧き水が絶えず溢れて、道行く人の喉を潤していれば、そこには自ずと次々に人が集まる。お金やモノ、人に好かれる人というのは、まさにこの湧き水のごとく生きている人たちです。常に貸方、与える側へと我が身を置くようにする。そうすることが結局は、お金やモノ、人に恵まれる第一歩になるでしょう。

まあそうは言っても「言うは易し行うは難し」です。なかなかこの吐き出すということが出来ないものです。吐き出すには勇気と度胸が必要だからです。たいていの人は自分が汗水たらして勝ち得たものを、みすみす他人に譲り渡すことはしないでしょう。でも実は、ここが開運できるか幸せを手にするか否かの分かれ目なのです。

ただしスケベ根性があってはいけません。自分がこれだけのことを施し、与え、吐き出しているのだから、それなりの見返りをもらおうじゃないか、などという下心があってはダメということです。それでは汚れた湧き水にしかならないでしょう。

確かに難しいところです。見返りを求めず、下心を抱かず、与える人生を送ってみる。まずそこから始めることです。そうすれば必ず、良き人と巡り会い良きモノとの出会いが時空を越えて、「良き事」があなたに返ってくるはずです。

人生はブーメランのようなものです。良い物を投げ出してみれば必ず良い物が返ってきます。どうか投げ出す勇気を持って「貸方」の生き方に向かって一歩足を踏み出してみてください。

第五章

易花術で運命を拓く

ここまでの章で、易花術をいかにして身につけるための基本的な心の在り方や生き方がおわかりになったと思います。本著は入門編などでそれほど難しくないと思っておりますが、今までお話しした考え方をしっかり踏まえて、適確な判断をしていただきたく思っております。

それでは現実の社会生活において、様々な〝決断〟をどのようにしていけばよいか、ここでは、実践鑑定編としてお話ししていきましょう。

易花術の占法は、現在の事象を出して観ることにおいて、いま自分がどのような心と考え方、そして生き方をしていけばよいのだろうという現在の事象を出します。次にその現在の事象の因によって、将来はどうなるのだろう、また、どう生きたらよいのだろうという将来の事象の果を出します。

普通占いというと過去、現在、未来ということを観ますが、易花術においては、もう過ぎさった時間は戻りませんし、過去にこだわった生き方をしていたら明るい将来はありません。

ですから易花術においては、現在の事象、将来の事象を出して、その相生関係において観ていきます。

次に事象の取られ方の方法としましては、今あなたが存在している場所、環境、それは街中かもしれません、電車の中かもしれません、会社かもしれません。それはどこでもよいのです。その時に思ったこと、例えば、現在つき合っている人と結婚できるのだろうかと思ったら、その現在いる環境で二つのことを見つけてください。

例えば会社にいましたら、社長に会いました。次に自分の机の上にハガキがおいてありました。たったこれだけの材料で、あなたの結婚運を占うことが出きます。

基本的には最初に観た事象が現在運にあたり、二番目に観た事象は将来運にあたりますが、人によっては同時に二つの事象を観るときも多分にあります。そのときは自分で勝手に二つの事象をどっちが現在運で、そして将来運と決めて下さい。

一見このようないいかたをしますと無責任のようですが、人間の心の働きとは必ずや宇宙因果律という原理が働きますから、決してこの考え方も無責任ではないのです。なぜかといいますと、第三章のところで説明しておりますが「自然界は息の集合体」とおしえています。このようなときに正しい呼吸、息の〝チカラ〟が必要なのです。これを易花術では、必然として考えてますからどちらを現在運としてもよろしいのです。また、将来運としてもよいのです。

それでは、金子和恵さんとしましょうか。

この金子和恵さんの結婚運の観方として、一番目に観たものが社長でした。易花術の事象においては社長は☰乾金の事象になり、人生の生命サイクルも最終段階に入り権威、英知などを表し、父親的年長の男性そして責任感を表します。

金子和恵さんが今つき合っている人、このような立派な人でしょう。

次にハガキを観たということで、ハガキは☴巽木の事象で、今つき合っている人と将来結婚出来るかということを観ています。この事象は婚約、結婚などは大吉です。相性も良く長期的な信頼関係が築かれます。堅実で生長と生命エネルギーを象徴していますから、すばらしい結婚ができるでしょう。

但し、金剋木という五行の相生関係が良くないですから、なるべく早く結論を出す事です。

このように易花術（環境事象学）においては占っていきます。これは、ほんの一例ですので簡単に観ますが、実際にはもっと複雑ですからいろいろなことが鑑定できます。

ここで、易花術の鑑定方法の順序を説明しておきます。

まずは、自分の仕事運を占いたいと思いましたら今いるその場所で目についたもの、聞えたもの他どのようなことでもよいですがあまりジャンルを広げると難しいですから初心者の読者の皆さんは、目に見えたものに限定しましょう。

一番にカフェーをみました、二番目にカフェーの店のなかの照明器具をみました。この二つのものがどこにあたるかは一三〇ページ～一三七ページの得象表によって調べて下さい。これだけで占うための材料がそろいました。

得象表を調べますと、カフェーは☱兌金の得象で照明器具は、☳震木の得象となりました。次に八卦の事象の解説をみてください。

これで、占いの結果がでてまいります。

仕事運としては、現在は☱兌金の事象ですから満足している仕事をして収入も高く、人間関係もよいでしょう。転職を考える必要はありません。将来運としても☳震木の事象ですから、今後、ますます発展するでしょう。しかし、事象が金剋木の相剋の組合わせですから、一時スランプとなり、その時こそ自分の〝チカラ〟を信じて行動することというように占います。

◆八卦の事象の解説

●☰乾《けん》金の事象　陽／陽／陽　白銀

人生においては老年期、確かな指導力と権威、男女関係なく責任感の強さをもち、一家の生計をも維持していく。精神状態は安定充足した知恵をもち理想を実現するエネルギーを有する人間的にも社会的にも地位や名誉の高い人格者をさす。

●☱兌《だ》金の事象　陰／陽／陽　赤

経済的繁栄、物事の収穫などに恵まれ、愛情、家庭内の楽しみなど満足感をあじわいます。しかし、何をやっても中途挫折ということもあり、口は災いのもととなります。

●☲離《り》火の事象　陽／陰／陽　紫

過去からの経験が世間に認められるでしょう。光り輝いて生きていけば、結果として、名声、社会的成功を手に入れるでしょう。火の徳とは明智といって先見の明があるでしょう。

●☳震《しん》木の事象　陰／陰／陽　青

湧きあがるエネルギーを示し、外に向かう力は今本番であります。成長、新鮮、活動力があり、陰気を祓って新しき世界に挑戦してもよいでしょう。地上が鳴り響くごとく発展することを意味しますがあまり出すぎますと、いろいろなことで衝突しますから注意が必要です。また、家長としての役目もします。

● ☴巽《そん》木の事象　陽／陽／陰　緑

調和、協力にして発展し、愛情、結婚、恋愛を示します。あまり刺激的な事はさけることです。柔和で親切丁寧でありますし、信用があり社会的評判は非常によいです。

● ☵坎《かん》水の事象　陰／陽／陰　純白

表面的には一見おだやかですが、底しれず力強い働きをします。性と精神性、そして、物事に対してしっかりとした計画をたてて実践していきます。しかし、悩み、苦しみも多く孤立してしまうこともあります。

● ☶艮《ごん》土の事象　陽／陰／陰　白

大きな変革、競争心、不屈の精神力があります。他の物と交わりますと、大きな混乱となりますから個性を大切に。どっしりと落ち着いて進まずに待って古きを捨て、新しき道を進むといった状態です。

●☷坤《こん》土の事象　陰／陰／陰　黒

家庭的な充足が一番の目的です。

用心深く周囲の環境を整え、物事の整理、協力が大切です。大きな変化に弱し、「母なる大地」という大いなる心をもち、柔和で地味な〝内なる事を守る〟という考え方が大切です。四季折々のものに順じて、派手な動きをしないこと、物事に対して長期的な考え方が必要です。

以上が八卦事象の解説ですが、本著は入門編ですのでどなたでも理解できるようにまとめてみました。

☰乾金に相当する得象

人　　象	天皇、大統領、独裁者、首相、社長、父、夫、官僚、資本家、老人、有名人、宗教家
体　　象	顔、頭、首、肺、骨、助膜
病　　象	骨折、熱病、頭痛、便秘、めまい、心臓病、肺病、食欲不振
場　　象	神社、仏閣、教会、官公庁、御殿、ビル、マンション、学校、集会所、美術館、大劇場、海、墓地、競技場、競輪・競馬場、高台の地、運動場、塀
職　　象	スポーツ選手、時計・宝石商、米屋、エリート社員、資産家、銀行員、交通関係の者
物　　象	宝石、貴金属、時計、乗物すべて、羽織、帽子、マスク、手袋、足袋、風呂敷、冠
食　　象	果実類、寿司、おはぎ、柏餅、米、豆類、まんじゅう、菓子、貝、かつを節
動植物象	竜、馬、犬、いのしし、鶴、薬草、ライオン、菊花、神木
天　　象	晴天、太陽、寒気、みぞれ、氷、初冬、方位は西北
雑　　象	充実、完全、進行、喜び、度胸、勝負事、猛暑、健康、満足、福、施す

☱兌金に相当する得象

人　　象	少女、妾、芸妓、芸人、非処女、不具者、サービス嬢
体　　象	口、肺、歯、胸部、呼吸器、舌
病　　象	口腔疾患、歯痛、せき、血行不良、神経病、ぜんそく、性病、胸部疾患、腎臓病
場　　象	沼地、窪地、低地、溝、堀、穴、川堀、飲食店、カフェー、バー、講演会場
職　　象	営業マン、弁護士、銀行員、仲介者、歯科医、金融業、タレント、歌手
物　　象	刃物、鈴、筆、紙、井戸、扇、楽器、鐘、鍋
食　　象	鳥肉、おしるこ、コーヒー、紅茶、スープ、ビール、酒、牛乳、ガム、菓子類
動植物象	羊、虎、豹、ニワトリ、秋咲きの花、ショウガ、雀、月見草
天　　象	雪、霧、秋晴れ、雨、曇り、方位は西
雑　　象	柔和、不注意、弁解、宴会、ご馳走、お金、恋愛、趣味、口論、悦び、芝居、礼儀

☲離火に相当する得象

人　象	中年女、美人、文人、学者、芸術家、鑑定家、悪人
体　象	精神、耳、心臓、血流、乳房
病　象	ヤケド、精神錯乱、不眠症、眼、便秘症、頭痛
場　象	学校、裁判所、交番、デパート、図書館、書店、消防署、社殿、祈祷所、宴会場、劇場
職　象	理・美容師、書家、画家、眼科医、教員、新聞記者、易者、会計士、宝石商
物　象	ローソク、ランプ、メガネ、装飾品、手紙、証券、書箱、免状
食　象	ノリ、干物、すっぽん、貝類、カニ、馬肉
動植物象	鳥、馬、亀、金魚、紅葉、牡丹、花類
天　象	晴天、暖かい日、太陽、日中、虹、方位は南
雑　象	火災、タバコ、宗教、ケンカ、抗議、派手、離別、除名、手術、切断、栄転、昇進、見学、先見

☳震木に相当する得象

人　　象	長男、祭主、青年、有名人、性急な人物
体　　象	右足、肝臓、助膜、指
病　　象	神経症、肝臓病、ケイレン、どもり、リウマチ、打ち身
場　　象	音楽堂、林、電話局、放送局、市場、発電所、震源地
職　　象	アナウンサー、音楽家、教員、弁護士、市区役人、市長、電気関係の仕事、植木屋
物　　象	ピアノ、オルガン、花火、車、電話、パソコン、照明器具、薬物、つづみ、太鼓、鈴、木魚、歯ブラシ、火薬
食　　象	寿司、果実、納豆、味噌
動植物象	カナリヤ、ひばり、松虫、つばめ、うぐいす、カエル、馬、タカ、竹、草の芽
天　　象	朝日、雷鳴、地震、春、方位は東
雑　　象	火事、口笛、声楽、開業、広告、お経、独立、発展、成功、口論、宣伝、新規事

☴巽木に相当する得象

人　　象	長女、仲介人、族人、僧尼、秀才、ひげのある人、妾
体　　象	食道、気管、腸、左手、神経、服
病　　象	風邪、憂うつ、骨折、ぜんそく、呼吸器病
場　　象	神社、道路、電車、交差点、材木屋、建築現場
職　　象	大工、建具屋、宣伝広告業、出版業、タレント、運送業、呉服屋、そば屋、案内人
物　　象	鉛筆、マッチ、針金、手紙、ハガキ、線香、香典、ガス
食　　象	うどん、そば類、酢の物、ニンニク、ニラ、ネギ、山菜の物
動植物象	蛇、みみず、キリン、鶴、牛、豚、トリ、トンボ、花園、柳、ツル草
天　　象	風、ホコリ、空気、方位は東南
雑　　象	依頼、風俗、流行、通勤、通信、未婚者、来客、離別、教育、命令、縁談、交際、信用、世話

☵ 坎水に相当する得象

人　　象	中年男性、悪人、盗人、病人、盲人、智者、死者、色情狂
体　　象	耳、肛門、陰部、鼻孔、血液、妊娠、汗、涙
病　　象	婦人病、性病、下痢、血行不順、神経症、耳病
場　　象	川、地下室、病院、刑務所、温泉場、水道局、海水浴場、滝
職　　象	クリーニング屋、印刷屋、警察官、宗教家、設計士、魚屋、外交員、酒屋、法律家
物　　象	水晶、インク、ガソリン、針、ニス、墨汁
食　　象	酒、塩、しょう油、牛乳、ニンジン、ノリ、生魚、飲料水、豆腐、塩干
動植物象	豚、鳥、キツネ、ネズミ、魚、柊、水仙、寒椿、福寿草、藤の花、ヒノキ
天　　象	寒気、雪、雨、冷気、水害、方位は北
雑　　象	悩む、保証、性交、約束、書く、眠る、再縁、失物、災難、敗北、養子、貧乏、秘密、法律、反抗

☶艮土に相当する得象

人　象	小男、少年、太った人、丈高き人、蓄財家、無知の人、相続人、囚人、勤め人
体　象	身体、背、腰、鼻、手、左足、指、関節、ガン
病　象	腰痛、鼻カタル、リュウマチ、肩コリ、骨折、虚弱体質、疲労に起因する病気
場　象	門、家、ホテル、旅館、倉庫、土手、堤防、墓場、階段、突き当たりの家、石段、石垣、神社仏閣
職　象	旅館業、駅員、僧侶、教育家、力士、受付、レストラン、守衛、警察官、寝具商
物　象	積み重ねたもの、テーブル、重箱、カサ、椅子、座蒲団、ベスト、縁台、屏風
食　象	牛肉、数の子、さつま揚、だんご、高級菓子、いも類
動植物象	ネズミ、虎、犬、猪、竜、カラス、竹、つくし、しいたけ、ゆり
天　象	曇り、天候の変わり目、星、方位は東北
雑　象	移転、相続、身内、玄関、辻、出口、アパート、復活、中止、再起、誕生、障害、渋滞、変化、交換、取得、迷う、光明、開業、閉店、遅れる、高い、知己、終始、改革

☷坤土に相当する得象

人　　象	母、妻、庶民、老婆、労働者、貧乏者、新人、田舎の人、団体、無能者、死人
体　　象	腹、血、消火器
病　　象	消化病、下痢、下血、腸チフス、黄疸、胃ケイレン、不眠症、皮フ病、肩コリ
場　　象	野原、平原、空地、田畑、農村、辺地、墓地、集合団地、押入れ、暗い所
職　　象	古物商、産科医、農業、不動産業、古道具屋、内科医、教師、食品店、下働き、土木業
物　　象	ふきん、ズボン、袋、量、中古服、空箱、カバン、紙、土器、敷布団、土地、古い家
食　　象	玄米、魚類、パン、五目ソバ、砂糖、はんぺん、かまぼこ、寄せ鍋、甘味類、芋類、豚肉
動植物象	牛、羊、サル、粉類、わらび、きのこ、アリ
天　　象	初秋、晩夏、霧、温冷、方位は南西
雑　　象	サービス精神、真面目、努力、根気、工夫、不決断、怠ける、従う、迷う、受ける、失う、乱れる、倹約、平凡、温厚、利欲、気苦労、正直、慎む、資本、永引く、手配中、採集

以上の表にしてあることは、八卦得象表を取得する上において一部ですが、だいたい役立ちます。あなたが、何かに迷い、悩んだときに、また将来を知りたいときにあなたの環境の中で、その時を取らえて占う材料にしてください。

◆五行相生相剋図

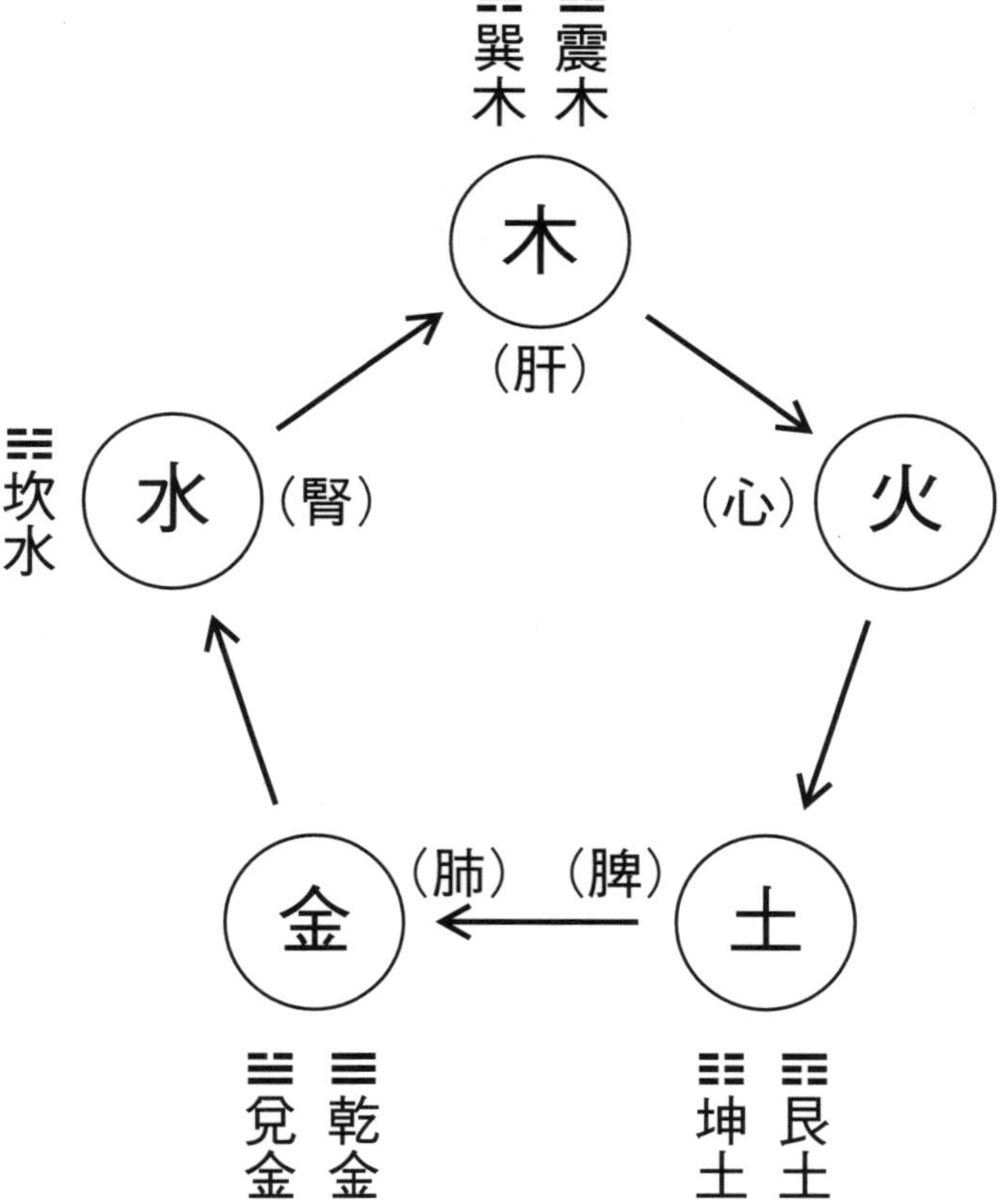

五行相生図

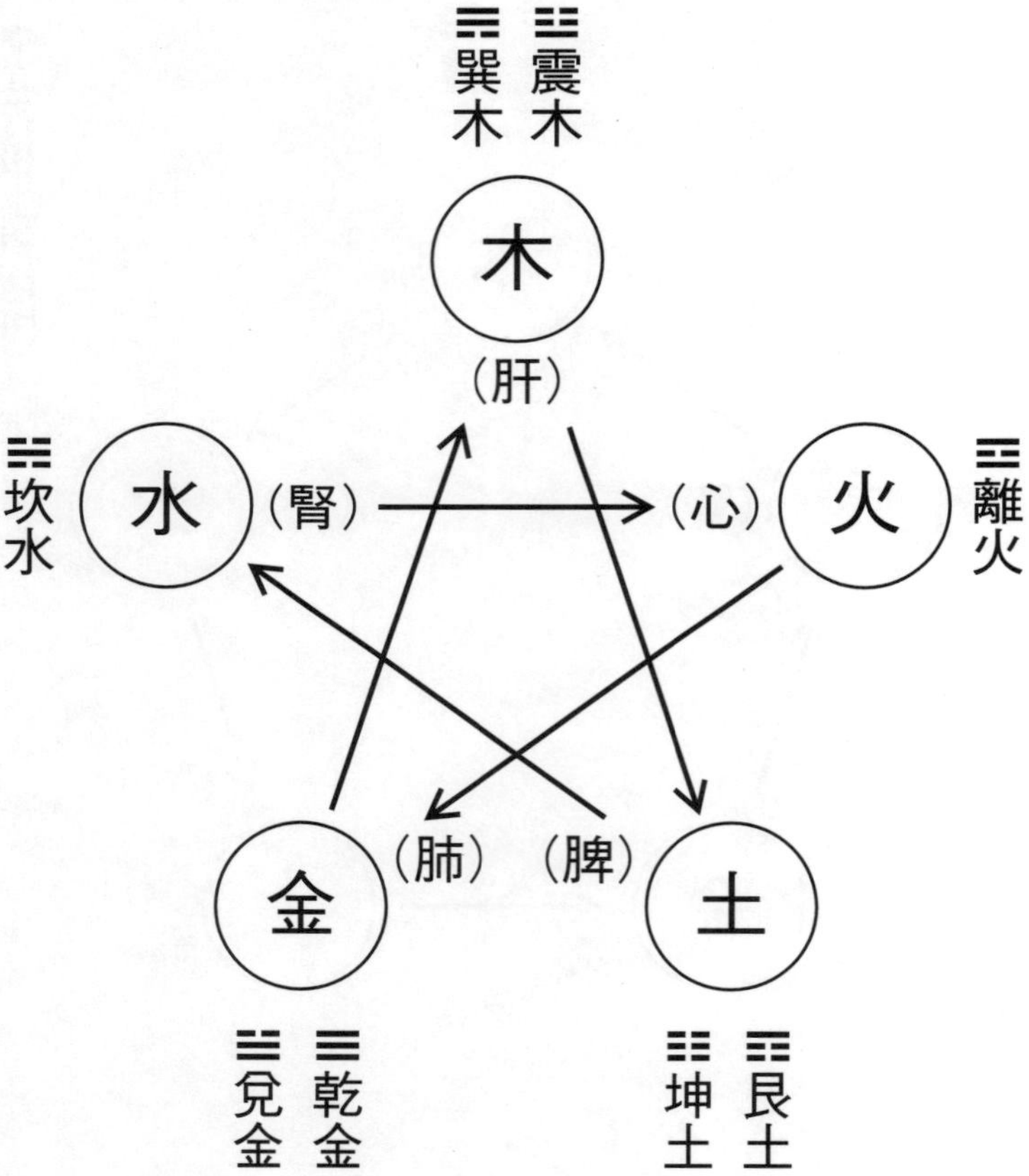

五行相剋図

以上のように五行の相生相剋論は、東洋医学、陰陽学、風水学、易花術他の基本体系の理論でありますから覚えておいて下さい。

相生関係は互いに助け合っていく良い関係で、相剋関係は互いに剋し合っていく悪い関係です。

第六章

易花術実践鑑定編

仕事編

世の中の多くのサラリーマンやＯＬの方は、会社の名前でお仕事をしている人がほとんどではないでしょうか。いや、そんなことはないといっても、会社の名前があることで仕事ができているのは間違いない事実なのです。大企業に勤めていても、辞めればただの人ということを忘れてはいけません。仕事の上での愚痴や自慢話などは、すべて会社という器のなかでの出来事なのです。

「今の仕事が自分にあっているのか」とか「対人関係がうまくいかない」ということは、会社に何かを与えてもらえると期待している受け身の生き方なのです。そういう考えでは転職しても、決してうまく行くはずがありません。「自分が会社に儲けさせよう」、といったクリエイティブな生き方が運命を切り拓く道なのです。

言い換えれば、自分の顔で仕事をするということです。名刺で仕事するなということです。与えることを覚える事が、どれだけの人生修行となるか気がつかなくてはなりません。それは自分自身をも励ます事にもなるのです。
昇進や昇給を目的とした仕事の仕方ではなく、無償の行動、言葉があなたに大きな運を引き寄せてきます。そのようにして立派な経営者になったり、独立して会社を興した人は多く見受けられます。

（実例）
平成十三年三月　相談依頼
東京都清瀬市在住
高田正行（仮名）

高田さんは、大学を卒業して、三十年間一流商社に勤務、あと数年で停年ということでありましたが、相も変わる社内はリストラの嵐でしたので、高田さんは在職中に中小企業診断士の資格を取得、これを機に自主退職して、退職金をもとに、今まで自分が大手商社に勤務して人脈もあることから経営コンサルタントの会社を設立したいという相談でした。

私の前に座った高田さんの人相は、実に威厳があり立派な人物でした。まず私が感じたのは、私の相談室から見える車でした。

車は☳震木の事象で陽の力が強く、運勢が上昇していくときであり、例え難解な事でも引き起こせるパワーがあるときと観まして、高田さんの胸の内はヤル気満々だなと観ました。

そして、高田さんは自主退職との理由による独立という事から、☲離火の事象で、南のパワーのような情熱と発展、名声がありました。なおかつ、コンサルタントという仕事は名声、名誉、信用がなくては成功しない仕事です。

私は高田さんに、「易花術においてはまったく申し分ない方向に行っています。退職するならなるべく早くして実践行動して下さい、必ずや成功します」と申し上げました。五行の相生関係も木生火といって、現在の考え方が将来を大きく助けることとなると云う意味で、運勢がますますよくなっていくでしょう。

高田さんは自分の考えに間違いなかったことの自信と、そして、笑顔で、「すぐに退職願いを出して、事務所を探し開業の準備に入ります」と、私に念を押して相談室をあとにしました。

その後また来室され、事務所のお祓いとか方位除などをお願いされ、現在は立派にコンサルタント会社の社長として活躍されております。

金運編

お金が貯まらない、どうしたらお金が貯まるのだろう、とよく耳にします。

お金が貯まらない人は、ブランド品がほしい、おいしい物が食べたいなど、自分の生活に見合っていない、収入以上の物を欲しがるという不自然なものの考え方の人に多くみられます。たいがい食生活が贅沢な方です。そして、身分不相応な家に住んでいて住宅ローンや家賃などで金欠病の方も多いです。

まず、毎日の食生活を改善してみてください。家の食卓に多くのメニューが並ばなくとも、栄養のバランスは十分に摂れます。身体に必要な栄養素を摂取できるメニューを考えてみましょう。粗食になり食事にかかっていた費用を抑えることができるでしょう。外食しておしゃれなレストランでのフルコース、ついつい好きな物ばかりを食べがちです。栄養が偏り、健康にもよくありません。

ちなみに偉人はみな粗食でしたし、近頃ではプチ断食道場などもあるようです。また、食を節することで、心が無駄なことを考えなくなります。
物欲や食欲が生活のなかで調和してきますと、気が楽になり肉体的にも精神的にも良い影響を与えます。心が感謝の気持ちを忘れず、人に優しく接するようになり、「貸方」の人生を歩めるようになります。そして生活にもゆとりができ、知らず知らずのうちにお金も集まってくるようになります。

〈実例〉
平成十四年九月　相談依頼

神奈川県横浜市在住
今井紀夫（仮名）

今井さんは大工さんで、高校を卒業後ある注文住宅を主に手掛ける工務店に勤め、大工としての修業し親方も認めるほどの職人となり、工務店にとっても必要な大工でした。給料も上がり、夫婦親子、四人で生活も順調で自宅も建てて幸せ一杯でした。

今井さんが三十八歳の時だそうです。東京にT住宅という建売住宅専門の会社があります。今井さんの話によると、年間数千棟も建てると自負している会社だそうです。本当かどうかわかりませんが、結果からみれば魔が入ったのでしょう。今井さんは俗にいうスカウトをされ、相当な給料を提示され、会社を信用して大工として転職したようです。

が、それから今まで、その建売業者に入社してからというもの、運勢も悪くなり、約束の給料も相当数の建売住宅を建てないと入ってこなくなり、当然のごとく会社に嘘をつかれたと知り、生活も乱れ出して、入社して六年目で家は競売となり、会社は流れ者の大工としてみるだけで何の援助もなかったそうです。

今井さんにいわせると、職人として絶対にゆるせない業者だと私にキッパリといいました。そして、私に「先生、私達家族は今後どうなるのでしょう。お金もないし、家も取りもどすのは難しいでしょう」と。

私は、鑑定に入り、今井さんの周りに何体もの自縛霊と、土地霊、欠けた墓石、などが霊障となっているのが観えました。

これらの原因は、その建売業者が無理な宅地造成をして神仏の怒りを被むり、地鎮祭もせず、安普請の建売を高価商品として、善良な大工を利用して、善良な買主に不良品を売りつける、そのことにありました。このような業者は一部ですが、いるでしょう。今井さんはその犠牲者の人でしょう。もしかすると、他の大工さんも同じような苦しみをしているかもしれませんね。

私は今井さんに「とにかく金運上昇をしなくては問題解決しません。まずはその悪徳業者を退職しなさい。そして、大変でしょうが、霊供養、ご浄霊を受けて、心身のミソギを実践して下さい。それから毎日の食事の一食を神さまにささげなさい。いわゆるご家族全員が粗食にするということです。そして、どんなにつらくても自然界神々の精霊に感謝の念を強くもつこと。今井さん、よろしいですか、どんなに物心共につらくても私の言った通りにしなさい」と言って、次に易花術に入神して、現在から将来に対して鑑定してみました。

空を観ましたら曇っていたので、☷坤土の事象にて、誠に不安定な主軸にありますが、現象界に出ているほどに突発的な変化はないと判断して、競売にかかっている家も買手がすぐにはつかないと観ました。この事象は遅れるという意味をもちます。

このような大変なときでも今井さんの家族は仲良く円満であることが不思議でありますが、この円満なエネルギーが今井さんを、家族を救い、金運上昇となるでしょう。

次に今井さんが私に預金通帳をみせました。預金がわずかしかないということを聞いて、☶艮土の事象で、これらの大きなトラブル最中であっても、家族がしっかりと協力していることが基礎となり、今井さんの心身に生きる力、強さ、不屈の精神が養われ、極めて、早く方向転換をすれば、金運上昇も新しい職場もみつかり、新規の援助者が現われると観ました。

五行も土比土の比和の関係で大吉象なり、「今井さんに家の競売はなくなり取り戻せるよ」と言いましたら、今井さんは「先生それは無理ですよ」と私に言い返してきました。が、霊供養等をしっかりお祭りする事を約束して帰って行きました。

その後、ご浄霊、霊供養など金銭的にも今井さんは大変だったでしょうが、私の言った通り実践していきました。そうしたらどうでしょう。元いた工務店の社長が人づてに話を聞いて、今井さんにまた会社にもどってこいといってくれて、今井さんは男泣きしたそうです。

そして、家の事は社長が競売業者に掛けあって、金銭的にも社長が全て面倒みてくれて家は奇跡的に取りもどせ、現在は元の工務店で優秀な大工職人として毎日忙しい思いをしているようです。金運もさることながら、今井さんは仕事運も上昇気流に乗ってくることでしょう。

余計なことですが、今は不景気風の日本ですが、国の政策援助もあってか建築ブームで、ほとんどの建築業者は誠意ある仕事をしていますが、ほんの一部、特に建売業専門会社にはひどい業者があることは事実です。いわゆる欠陥住宅を平気で売り、売ったあとのアフターフォローなどしない業者です。ついこの前、平成十二年に〝品確法〟という法律ができましたが、そのような法律は一切守ろうとしない業者です。

私は神主という職業上、いろいろと建築業界の話も入ってきます。家を買うときは、私の鑑定している家相風水も大事ですが、業者選びがもっとも大事です。ですから、私の所に家相風水などで相談にみえる方には、建築の問題、業者選びを易花術で鑑定指導しています。家相風水などの相談依頼者は、すぐに鬼門に障ってないとか、水廻り、玄関の方角いろいろと注文をつけてきます。書店にもたくさんの家相風水の本が並んでいるのでみなさん勉強しているのでしょう。私は相談者によく聞かせる言葉に「鬼門より恐しい不動産、建築業者選び」これがあなたの一生を左右することです。実際に手抜き工事を平気でする業者は星の数ほどいるでしょう。

企業にとって金運、財運を得るカギは、人を喜ばせる商品をつくり、販売して真心あるサービスをすることです。個人にあっては生活は質素倹約をもととして、今している仕事に恩を感じて精一杯感謝することです。そして、会社に儲けさせる社員になることが大切です。身分不相応な生活をしては金運などは決してよくなることはありません。

恋愛編

恋愛や結婚で失敗する人は、相手を受け入れることができない人に多くみられます。誰でも長所、短所はあります。それを認められず、自分の利益になることばかり考えます。潜在意識のなかに常にそれがあります。自分のことがみえていない人といっていいでしょう。

利益になること……学歴、年収、容姿などで相手を判断し、相手を物としかみていないわけですが、それが失礼な態度になっていることに、まったく気が付いていていません。それでは、お互いの本質が理解し合えているとは言い難く、よい関係がつくれません。

自分も欠点のある人間だと認める。自分が自分がと、自分のことばかり考えずに、相手の立場に立って物事を考えてみる。お互いに支え合う気持ちを持つ事から、恋愛は始まります。そうしたカップルは信頼の絆で結ばれ、幸せを掴んでいけるものです。

相手を選ぶ場合においても、自分の心をまず開く事から始めれば、相手が永くつき合っていけるかどうかの判断も自ずからできることになります。

縁はメリーゴーランドのようにあなたの周りをまわっています。それを見つけられるかどうかは、あなたの心がけによるのです。

（実例）

平成十四年五月　相談依頼

埼玉県越谷市在住

大橋　恵（仮名）

大橋さんは、Ｍデパートに勤めていて現在二十九歳です。いま社内の男性社員と三年ほど付き合っていて、なんとか順調な恋愛生活を楽しんでいるのですが、彼が先日大橋さんに結婚してくれないかということで、いろいろ自分なりに悩んで私のところに相談にきた人です。

私からみたらかなりの美人で、これでは男性にもてるだろうなと思いましたが、大橋さんいわく、「過去に何度か恋愛経験がありましたが、すべて男性の方から離れてしまうようです。私のどこが悪いのかわかりません。今回のプロポーズは初めてなのでなんだかわからなくなっているのです」と言うのです。

正直言って、その彼は男性的でやさしいし、仕事も真面目にしているのですが、心配なのは、ギャンブルぐせがあることで休日にはほとんどパチンコ店や競馬場へ行くことだそうです。それも損をするときが多く、数万単位での損失をしている。私も彼とは結婚はしたいと思っているのですが、どうでしょうかという内容でした。

私は早速、易花術による入神に入りました。

大橋さんは、Mデパートの社員らしく、美しいネックレス（装身具）をつけているのを観ましたので、☲離火の事象を得ました。

この事象は、いま太陽が天中の真中にいるところにあります。すべてに輝かしく、知性と美をもとにして生きてこられたのでしょうね。

大橋さんは一流大学を出られて、常識豊かな感性をもってますが、ただ一つの欠点があります。大橋さんも自分では気づかなかったと言っていましたが、人間として、女性として、傲慢で生意気な言葉が不用意に出てしまうことでした。それによって、過去の男性たちも傷ついて別れていったのでしょう。

次に大橋さんによれば、いま住んでいるマンションを引越したいという話も出てまいりました。

引越しという事象は、☶艮土の事象で、お互いに良くも悪くも影響し合っていて、大橋さんが彼を甘やかし過ぎている結果です。彼と結婚をするのであれば、単独の引越しをしても意味がありませんから中止することです。これも☶艮土の事象です。

彼との相性は〝火生土〟と相性もよい。

「にがい経験があるのですから決して、女性として生意気な言動はしないことですね。それと、彼のギャンブルぐせは、私から観たら、たいしたものではありません。独身の淋しさからの遊びでしょう。大橋さんが彼と結婚生活に入りますと、☶艮土の事象によって、急速な変化が起きて、仕事にやるきが出てきて、ギャンブルから遠のいていきます。プロポーズの返事は大橋さんが彼を愛しているのなら、なるべく早くしたほうがうまくいきますよ」と判断しました。

その後、二人で私の相談室に来まして、結婚することに決めましたとの報告があり、私は二人に「必ず幸せになれますから頑張って下さい」と言いましたら、喜んで帰っていきました。

健康編

誰しも若い頃なら健康に自信もありますが、年齢を重ねるにつれ、だんだん健康を気にするようになります。また、病気がちな人は常に自分の身体と対話し、向き合っていなくてはなりません。

人は人とつながって生きていかなくてはいけません。無形の愛情をやさしい心と言葉で与えること、それによって自らの内に愛情を育ませること。相手に何かを与え、自分も励まされ、何かを受ける。そうした繰り返しが人生をゆたかにします。

健康を維持するのも大変ですが、病気になったら治すのはもっと大変です。人間の命はすべて、自然界に生かされているのです。そのことにもっと真剣に悩んでほしいものです。

健康で当たり前、病は気からといって、人を食った言い方をする人々が多いようですが、もし、自分が不治の病で病院のベッドのなかで苦しい生き方をすることで、病気の苦しさ、命の重さがわかるものです。

（実例）

平成十四年二月　相談依頼

東京都世田谷区在住

宮下進一（仮名）

宮下さんが母親と私の相談室にみえたのは、うつ病ということでした。大学病院の精神科にも三年ほど通院していますが一進一退で、体重も健康なときよりも十キロ近く減ってしまったのだそうです。

現代医学をもって、うつ病という病気は、七割以上の確率で完治するといわれてますが、なかなか治らない患者さんもまた多いようです。宮下さんもその中の一人でしょう。

現在は精神科で、抗うつ薬、睡眠薬、抗不安薬などを飲んでいるようですが、副作用も多く出るために治療の方もうまくいかず、困っているとのこと。そして、母親が私に、この子のうつ病が治るかどうかで相談に越られたということです。

宮下さんは、二十六歳、うつ病になるまでは高校卒業後調理師として、レストランに勤務していたのですが、うつ病になってから、なかなか仕事がうまくいかなくなり、現在は休職中でレストランからも解雇通知がきているようで、本人も退職したいと言っています。職場環境も悪かったようです。

宮下さんのうつ病が治るか、易花術による入神に入った直後、宮下さんが私に「先生、僕は最近非常に物忘れが激しくなってきて、歩いている道さえも忘れて帰れなくなってしまう」と言うのです。精神科の先生に言うと、うつ病の一つの症状でだんだん良くなってくるよ、と言われたとのことですが、これは異常だと思います。

それで私は、すぐに現在の宮下さんの事象を得ました。

物忘れとは、☵坎水の事象です。環境が整わず、水気の影響を受け、他のものと交わることによって頭が混乱を起こしてしまい、表面的にはおだやかにみえても、神経、精神は苦闘の連続であります。☵坎水の事象の現象です。

宮下さんは、現在非常に苦しい状況におかれています。抗うつ薬等もあまり効果がなく副作用が多く出てしまって、薬もいまはよい薬がたくさん出てるのですが、なかなか宮下さんに合う抗うつ薬がなく難しいということです。

次に、うつ病が治っていくかどうかということですが、宮下さんは勤務していたレストランを退職するという話も出ましたことで☴巽木の事象となり、現在は非常に苦しい状態であるものの、精神の調和のとれた活力が不思議と出てきます。

☴巽木の事象は、少々、長期的に考えていると、心に風が吹くがごとく新しい陽気が出てくるということです。わかりやすくいいますと、近いうち、良い病院に出逢い回復に向かうということです。

私は母親に、失礼ですが「ご自宅に池がありませんでしたか？　私の霊査によると池がハッキリ観えるのですが」と聞きました。

「ハイその通り、大きな池が東北の方向にありました。亡くなったおじいさんが、今の家を新築するときに作ってもらったそうですが、亡くなってしばらくして、私の夫が庭を広くしたいと言って埋めてしまいました。お母さんに聞きましたら、埋めてから六年位経っているようです」

「息子さんのうつ病の原因は、池の精霊が怒っているので、すぐにお詫びの祭儀をすることですね。それによって息子さんのうつ病はかなり早く治ってきます」と私は断言しました。

「先生どうしたらいいのですか」と言うので、「私にまかせていただけますか」と言いましたら、是非お願いしますと。母親も少々気になっていたようなのです。

その後、私は宮下さんのご自宅の池の精霊たち水神様たちに、誠をもってご祭儀を取り計ってきました。

その後、宮下さんのうつ病はなんと半年前後で治ってしまったのです。

易花術の判断も正しいのですが、東北の池を埋めたということが原因なのです。東北とは相続人を表し、宮下家においては息子さんです。そして池とは、水のよごれた池を精霊たちになんの祭儀をせずに人間の都合で埋めてしまったことによって、息子さんのうつ病が発病したのです。水は精神、神経等を表し、当然現象界に表れてきます。

宮下さんは、これをご縁に私の相談室に時々こられ、神さまにお参りにくるようになり、今では、息子さんも元気で調理師として働いているようです。

これはこれまで述べてきた、仕事、金運、恋愛、健康について、すべてに共通するものです。

これまでに記したのはほんの一例の事象ですが、易花術と云うのは、人生の問題解決に的確な判断が出来て、人生の難しい問題を解決してしまう答えを出せると云う占断です。

社会的名誉職にあろうとも、サラリーマン、ＯＬさんでも、主婦の皆さんでも、又学生、子供さんでも、男性でも女性でも、その他どのような人でも苦しいときは、苦しいのです。悲しいときは悲しいのです。易花術においての占いは〝マト〟をしぼって特別な人に理解してほしいとは思いません。先ほど云いました通り今は温泉、又銭湯ブームです。人間皆裸になれば同じでしょう。特別なジャンルの人々だけに限りません。この易花術はすべての人々の人生に花開く生き方を教えているのです。

こざかしい考えは捨てて下さい。銀行でも苦しんでいる時代です。一人の人間のわずかな人生の経験からくる考えなど何んの役にも立ちません。お分かりですか？

あとがき

人間には、いろいろな顔があり、性格も違うし、もちろん職業も違うし、家族構成もまったく様々です。ただひとつ皆さんに共通していえることは、幸せになりたいのです。それも確たる幸せを得たいのです。

いま、大恋愛をして大好きな人と結婚が出来て幸せの絶頂にいたとしても、もっと幸せになりたいと願っているのですから、人間の欲というのはキリがありません。

そして、もっと難しいことは、人によって幸せの価値観が違いますし、その時々によっても幸せの価値も変わってくるということです。

ある人はお金が私の命よ!! という人もいれば、お金も必要だけど、好きな人と結婚して幸せな家庭生活を送りたい、と言う女性もいますし、病気で入院して病苦で悩んでいる人は、何もいらないから人並みでいいから健康になりたいと言い、また立派な家に住んでいて、近所の人からみたら円満幸せを絵に描いたような家族だと思っていたら、ご主人の浮気ぐせがひどく、それが原因で家族の心がバラバラだったということはたくさんあります。

人間はいつも勝手なことを考え、行動して、つまらない事で悩んでいるのです。ですから私は、いまの日本人はもっともっと悩みなさいと申し上げます。この地球上どこを探しても、日本ほど幸せな国は数えるほどしかありません。その理由は、〝犯罪者〟が守られる国だからです。

私が言うのは少々おかしいかもしれませんが、いまの世の中で、〝真心は通じません〟と思っております。

仕事柄いろいろな相談事が持ち込まれますが、結局のところ「自分都合主義」で勝手な生き方をして、恩ある人を平気で裏切る人が、平気な顔で幸せになりたい、運が悪い、と言いましても、自業自得で社会のせいでもなく、人のせいでもなく、自分が悪業を積んでいることに気付かないのです。

それゆえに私は、一人でも多くの人に本書を通して、〝真心〟の大切さを学んでほしいのです。自分に誠の真心があれば、必ずや自然界神々の精霊たちが味方してくれて、あなたにとっての本当の幸せをプレゼントしてくれます。それには、自分の命と自然界の命との融合させることが秘決です。これが間違いなく、幸せの一番の近道でしょう。

本居宣長翁は、神々とか天地《あめつち》自然界を次のようにいっております。

鳥獣木草のたぐひ、海山など、其余何《そのほか》にまれ　尋常《よのつね》ならず　すぐれたる徳のありて　可畏《かしこ》き物を　迦微《かみ》とは言ふなり。（古事記伝）

「非日常的な力ですべてが敬服するもの」それが神々であり、自然界の力なのです。そういう自然界神々の精霊と人とが融合して生きていくことが、人（霊止《ひと》）としての徳があるということで、徳こそが真心をもってして有因するものなのです。

最後に私にこの本の出版の機会を与えてくださった㈱創英社・三省堂書店の三浦義

則氏とご協力いただきました方々にこの場を借りて心よりお礼申し上げます。

平成十五年　九月

青柳龍徳

〈著者略歴〉　青柳龍徳
出雲大社東京大神宝講社長
龍徳運命学院長
東京浅草生まれ。祖父母が日蓮宗祈祷所の代表をしていた関係上、幼少の頃より霊的環境下におかれ、仏教を始め、神道、古典、武術、芸術、易学等を学ぶ。また、人生の多くの試練を経験し、〝幽顕一如〟の神道哲理に目覚め、神職、霊能者、運命学者として一派を構え、日々多くの人々の鑑定相談、祈祷など実践しながらも、多くの弟子を育て、講演、鑑定相談を行っている。また、開運法として自然世界の力を修得して、運命改革をすることを提唱している。

〈主な著書〉
子供の運命を決める「小児殺」　太田出版
仕事が七倍うまくいく社運　フジヤマ計画
強運・神道祓いのパワー　文芸社

◎著者へのお問い合せ、鑑定相談、各種祈祷等のお申込みは下記に連絡ください。
出雲大社東京大神宝講社長　青柳龍徳
〒182-0001　東京都調布市緑ヶ丘2−38−42
TEL　03-5315-1510
FAX　03-5315-1513

易花術入門

2003年9月10日　　初版発行

著　者
青柳龍徳

発行・発売
創英社/三省堂書店
東京都千代田区神田神保町1−1
電話：03-3291-2295

印刷所
三省堂印刷

ISBN4-88142-236-7 C0014